続続
地産地消大学

オルタナティブ地域学の試み

湯崎 真梨子
Yuzaki Mariko

南方新社

刊行に寄せて①

地方大学こそ「地域の創造」と「育成」の中核

和歌山大学経済学部同窓会「柑芦会」和歌山支部長　久山　稔

和歌山大学教授・湯崎真梨子様より私信を頂き、今春発刊予定の『地産地消大学』第三冊目の「序文」執筆をとのご依頼を頂戴いたしました。実のところ私如き者が書かせてもらってよいものかと、まず驚きました。

それまでは大学の催す地域連携に関するシンポジウムや研究会などに、受講生として参加し勉強をさせて頂いていたことと、私が和歌山大学経済学部同窓会「柑芦会」の和歌山支部長を務めている関係で、数年前から顔見知りで、ご挨拶を交わす程度のお近づきを頂いていました。

ところが一昨年、同窓会の総会でのご講演をお願いしに研究室を訪問させて頂いたときに、初めて先生と膝突き合わせてお話を伺う機会を得ました。そこで先生のもつ現場主義、実証主義、それを支える意力と行動力に接し、こんな先生がおられたのかと驚いたのです。

「市場原理主義」の視点からしか地方経済を捉えてこなかった自分が恥ずかしく、私を価値観の異なる世界へ引きずり込んで頂けたような感動を覚えました。また和歌山大学には、湯崎教授と同じ思いで研究を進め、現場で活動を進めておられるグループがあったのだと再確認もさせられたのです。

それだけに序文を書くなど、光栄の至りと思いながらも、正直戸惑いました。

しかし一方では、地元和歌山の地域金融経済市場の牙城というべき地方銀行で、四〇年間も生きて来た自分に、違う視点からの問題指摘を突き付けられたのだとの思いもありました。

その問題指摘にお応えできる力はとてもありませんが、私の故郷である和歌山の現状を、未来に向けてどう輝く地域に育てるのか、湯崎教授のそのエネルギーに共感し支援を惜しまない一人として、そのことに感謝の念を示すとともに、地元経済界が和歌山大学の存在意義をもっと身近に、さらに深く再認識する必要があるとの思いに至りました。そうしたことから、恥ずかしながら拙文を差し上げることを決断した次第です。

二〇一〇年頃より和歌山大学では、地域再生支援・連携活動の推進を旗印にさらに活動を推し進めていました。特にその方針を中心的課題として取り組み始めた「和歌山大学型グリーンイノベーション創造プログラム」（地域創造支援機構（当時）の取り組み）は国や各自治体、地方大学界に注視されることになりました。そのコンセプトは、「低炭素社会をめざすグリーンイノベーション政策を地域で実現する方法論研究、実証研究」でした。

このプログラムを企画しプロジェクトマネジャーを務めておられたのが、本書『続続・地産地消大学』の著者、湯崎真梨子教授でした。

このプロジェクトの中でも、湯崎教授や、システム工学部の中島敦司教授、塚田晃司准教授らが取り組まれている農山村における自然エネルギーの活用と那智勝浦町の山村部で開始された実験・実証研究に、私は非常な興味を持ちました。その活動の具体的な姿は、県内の地方紙『和歌山新報』に「こんなんしてます　わだいのしごと」として毎月数回、連載されていました。現場の学生や地域の人たちの生き生きとした息遣いが伝わってくる報告でした。その集大成がこの『続続・地産地消大学』という著書となっているのです。

二〇一三年に出版界でベストセラーとなり、読者大賞を得た『里山資本主義』（藻谷浩介、NHK広島取材班著、角川新書）という本が出版されました。題名の面白さでふと手に取り、一晩で読み進め、「目から鱗が落ちる」という陳腐な言葉そのままの感動を得ました。和歌山大学が取り組んでいるグリーンイノベーション創造プログラムから得た私の基礎知識と、この本との出会いは私にとって画期的なことでした。金融市場原理に埋没して過ごした私の半生で、自分の身に深く染み込んでしまっている競争社会の価値観が、今変わって行くことを自覚しました。

無限に存在する、費消してもなくならない自然エネルギー。しかも技術革新の中で効率的に電気エネルギーに変換できる世界。それに地産地消の地域社会の仕組みが合体し、そこに新しく生まれ出る未来の社会。劇画の世界ではなしに、実験・実証が現実に足元で始まっているのです。

日本中の特性ある地域に、特性ある地方大学が立地しています。その地域にこそ特性ある創造の種があり、それを大きく育てる土壌があります。そこに最高学府の地方大学が「研究と人材育成」の中核として存在しているのです。

国の財政状況の低迷の中で、大学の経営改革が声高に叫ばれ、経営効率に比重をかけた施策が急速に推し進められています。地方大学の評価を経営効率指標だけで順位付けし、政策を進める愚など国が採るわけがないと思いながらも、気に掛かることです。

そんな思いの中で和歌山大学の今後の活動に大きな声援を送る次第です。

「湯崎真梨子」の読み方

和歌山大学システム工学部教授　中島敦司

湯崎真梨子先生の「地産地消大学」も、とうとう三冊目となった。一〇年を越える付き合いの研究パートナーとして、一冊目以前からお姿を見続けてきたファンとして、日常的な親友として、とても感慨深い。

湯崎先生の文章は、ある意味「読みにくい」。文章そのものは明確で読みやすいのだが、内容としては時に「読みにくい」。それは、断定表現が非常に少ないからである。スター学者の文章というものは、理屈やデータ・根拠はさておき、世の時流、行政の施策、目立つ個人活動などを断定的にやたらと肯定する。「誇り」「絆」「宝物」などの情緒的な語も多用し、流れるような美辞麗句で褒めちぎる。自分じゃない他人の「成功事例」を並べ立て、どこでも通用するかのように読者を「こちら側」へと誘う。読者の方は「答えを教わった」と安心し、自分の考えが肯定された（自分が誉められた）と喜び、また、行政は現行施策の妥当性を社会に伝える代弁者として「もてはやす」。本書に関連する今の時流でいけば、六次産業化、都市農村交流、援農、観光、エコ（ルーラル、ジオ）ツアー、廃校利用、リノベーション辺りの話はかなり怪しい。スター学者の文章にはカタカナ語や地域活性化など読者を分かったような気にさせる思考停止ワードが散りばめられ、語尾に「べき」を連発して読者を扇動する。「べき」には本来の意味があるのだが、今では持論の中の瑕疵や誤謬を隠す詭弁として使われる慣用句となっている。一種の脅迫論法だ。本書の中を探して頂きたい。一カ所でも「べき」は用いられていないはずだ。その上、本書では、思考停止ワードとなりそうな語も、読者の思考を停止させないように気遣われて説明されている。

研究者というものは、時流なんかとは関係なく「テーマ」と「仮説」に寄り添う生きものである。放っておいたら、周りに惑わされずに黙って研究するものだ。だとすると、常に変化する施策に寄り添う研究者は、実は研究者らしくはなく、信用に足る存在か疑わしい。むしろ、時流に疑問を示すくらいの研究者の方が信用できるとは言えないだろうか？　過去を見渡しても「（普遍的な）正解」や「打ち出の小槌」などはどこにも存在しなかった。新施策や時流というものは、それが出る度に「今度こそは確実だ」と期待されるものの、長続きしないか、後に皆を失望させてきた。これは、実は誰もが知っていることのはずだ。なのに、時流や施策に寄り添う研究者は相変わらず世間ウケが良い。これが大衆というものの正体であろう。

この点、時流にも施策にも迎合することなく、内容的に「読みにくい」文章を不器用に書き続ける研究者の方が、研究者としての社会責任を果たしていると考えられる。湯崎先生は、まさしく、このタイプである。かといって、勝手連や天邪鬼として時流や施策を一方的に否定しているわけではない。何事であっても軽々しく断定することをせず、脅迫論法の「べき」を用いず、慎重にデータを集めて丁寧に解析し、その結果として自明となる「事実」を元に議論され、簡単に正解を述べないことが湯崎先生の文章の「読みにくさ」の正体である。それにしても、先にも述べた「打ち出の小槌」が世の中には存在しない以上、「読みにくい」文章の方が実は「真理」へのアプローチだと言えまいか。「分かりやすい」は、ある意味ではステロで危ない。特に、湯崎先生が専門としている「社会」には、常に反論、反省、様々な要素が付きものだ。その状況の中ですら断定し続けるスター学者の方が、研究者として実は無責任で怪しいと考える方が適切だ。

一方、湯崎先生の興味は、社会の中でも「人」に寄っていることは文書を読めば分かる。しかも、集団ではなく「個人や個人が営む暮らし」への興味だ。このため、データの解析を統計処理に安易に委ねない。計算機の発達した現代では、統計処理の軽視は研究者の態度として問題視されることがある。信頼されないことすらある。しかし、考えて頂きたい。世の中は平均値や多数派だけで構成されているものであろうか？　平均から大きく外れた人が大きな成果をあげることだってある。だいいち、読者ご自身は「平均」「多数」であることを歓迎されるだろうか？　むしろ、自分は「特別な存在である」と思いたい一面もあるのではないだろうか？

そう考えると、多様性が重要である人間社会の解明に対し統計処理だけに頼る姿勢は的を射てはいない。一方では、社会や集団を管理したい者にとっては「平均的な話をしていますよ、だから信用できますよ」という安心感を演出し、その裏側で管理を容易とする「画一化」「全体主義」へと誘う際には有用な道具である。そんな数値には惑わされないようにしたいものだ。世の中の「個人」は、それぞれが、それぞれの背景と感情で生きている。世の中の「幅」つまり多様性を知ることにおいては、統計的には外れ値となってしまうような個人の「事情」にも深い意味がある。湯崎先生は、ここに注目されている。

これは、私の専門である生態学の分野にも共通する。今、そこで生きる命（個体）と、集団（群落）の違いだ。倫理観での生物保護では個体保護も重視するが、保全学では集団が安定的に残るのであれば個体の命はさほど重視されない。むしろ、全体を守るために個体や種を駆除することもある。科学という視点に立つと、個体保護では「個別の事情」や「特殊な事情」も重視され、群落保護では統計処理による「冷静な」判断が必須となる。これは、どちらが重要かという議論ではない。研究者が統計処理だけでなく「個別の事情」に注目することは、立場上、勇気の要ることであり、湯崎先生は、それを継続的に実践されてこられたということを強調しておきたい。

以上のように、本書は、社会の中には、断定できない、してはならない事柄が多く存在し、かつ、感情を持った個人、小集団が大集団を構成する要素であることを意識して書いてあるとご理解頂きたい。それだからこそ、社会は多用で面白く、未来への可能性は無限にあると、そのような主旨が理解できる。また、いつまで経っても断定的な述語が示されないことに対しては「社会の多様性を表現されている」と議論の展開を楽しんで頂きたい。すると、けっして社会の中心的人物としては生活していない個人や小集団、閑散とした山村にだって、限りない可能性、未来への発展性が秘められていることにお気づきになられることであろう。そのためのひとつの有効な手法として、地方大学が「地産地消大学」の要素を保有することの重要性を社会に先駆けて提案、実践されてこられた軌跡をまとめたものが本書である。特に「続続」である本書は、過去の二冊よりも野心的だ。食、エネルギー、教育などの事例研究を通じ、地域の自立発展に対する「個」の持つ力を多数紹介し、「総活躍社会」とはこういうものか？ということがよく理解できる内容になっている。

湯崎先生は、目立つスター学者などではない。しかし、過去の二冊の「地産地消大学」の執筆により、確実にファンを増やしている。しかも、ファンの皆さんは、いずれも、地域や日本を本気で持続させたいと考えておいでの方々、特に実践家に寄っている。湯崎先生は、積み重ねた学識を「教え」としては強要せず、地道な研究結果から導き出された「事実」を端的な言葉で表現される。そこには、断定も、「べき」も、思考停止ワードも、情緒も不要である。これがファンを増やしている一因だろう。また、湯崎先生が、泥臭く、長靴を履いて現場を這いずり廻るような研究者であることも、社会から信用を得ている理由になっている。

そういえば、湯崎先生というと「長靴」がトレードマークとなっている。本書でもサブタイトルに「長靴」の文字が入る。実は、この「長靴」の話にはちょっとした物語がある。私と共同研究を始めた約一〇年前の湯崎先生は、今と同じ現場主義者ではあったものの、学生時代に登山をされていたこともあって、足下は常に登山靴のようなものを履かれていた。あるいは、今でも和歌山県の代表になるほどの腕前だというテニスシューズであった。その姿を見て「登山まで必要じゃない現場では、長靴の方が行動範囲は格段に広がりますよ。沢やぬかるみにだって入れますし」とアドバイスしたところ、その昔に娘さんが履いておいでだった長靴を持って来られた。それは、アウトドアの長靴としてはいささか丈が短いようだったので、少しオシャレな長靴をプレゼントした。そうしたら、そのフットワークの良さがよほど気に入られたのか、その後は、常に長靴姿で現場を走り回るようになられた。私の記憶している限りでは、最初の一足から数えて、すでに六足目になっているはずだ。繰り返し現場に通われ、履きつぶされたという証拠でもある。

現場主義者で、「個」を大切にし、けっして断定することなく、慎重に議論を深める湯崎先生の書かれる文章は、どれもこれもリアルで信用できる。情緒的ではないが、「事実」が端的に示され、何より内容が興味深い。取りあげた地域や関係者への情にも満ちている。本書を読む際には、このようなことを意識されながら読まれることをお勧めする。

続続・地産地消大学——もくじ

続続・地産地消大学

（一）楽しい民の一揆

廃校の理由

文部科学省の発表では、この一〇年間、毎年四〇〇〜五〇〇〇以上の公立学校が廃校となっています。廃校施設を体験交流施設や研修施設、老人福祉施設、災害避難所などに活用しようと推進されていますが、ここまで廃校が増え続けると、看板とは裏腹に余り活用されていない実態もあります。もとより、廃校は、子どもを産む若い世帯がいなくなった地域に発生する現象です。そんな空洞化した場所に、今さら人々が集う交流施設といっても無理のある話かもしれません。

増え続ける廃校（古座川町）

廃校について、こんな醒めた感想を持っているのは、現在、廃校に関する共著書を執筆中のためです。明治以降、一五〇年の間に生まれ消えていった多くの学校の、設立、分校、統合、休校、廃校などの波瀾万丈の沿革を調査するにつれ、廃校には廃校になる理由があるのだ、ということが理解できるからです。そこには、子どもの、先生の、親の、役場の、葛藤や苦しみや喜びがあり、暮らしや時代や政治の中で、人々は大きな影響を受けながらもたくましく生きていました。その結果として、村を去り、新しい町へと居を移し、廃校の選択をしてきたのです。今になって、捨てるに惜しいと、廃校への愛着が語られますが、もっと早い段階で手を打たなかった、それも民意だったはずです。

教育一揆

明治維新後、わずか数十年で国民皆学を達成するなど、日本は世界でもトップクラスの識字率を誇るようになりますが、明治の初め、日本に学校制度が導入されたとき、国民の反応は厳しいものでした。それまでちょんまげ姿の国が、いきなりフランスやアメリカ式の教育制度を取り入れ、富国のために国民に教育を強いたのです。小さいときから女の子は子守り、男の子は荷役など、子どもは家計を助ける重要な労働力でした。そんな労働力を学校にとられた上、しかも当時は学費も払わなければなりませんでした。そんな理不尽はない、と人々の不満がたまり、小学校が焼き討ちにあったり、襲撃を受けたり、大変な暴動が起こったりしていました。そうした民への啓発を行いながら、明治四〇年に義務教育が六年となるまでに実に七回もの教育制度の改正が行われ、欧米のまねごとから日本式の教育として整備されていきました。この間、黒板に向かって机を並べて一斉に前を向いて学ぶ教室のレイアウトなどが決まっていきました。日本人に合った方法だったのかと興味深い話です。

学校制度の始まりから廃校に至る大きな時代の流れを見ていると、学校の背景としての社会や人々の行動の変化に注目せざるをえません。教育への一揆など民の葛藤から制度の安定期を経た結果として現在の廃校があり、つまり廃校とは、この一五〇年がたどった近代化へのベクトルのひとつの終末を意味しているのではないでしょうか。

発電実験のための市民協働研究（那智勝浦町）

田舎に移住する若者がじわじわと増えているという印象があります。都会から逃げてきたのではなく、意志をもって田舎で人生を打ち立てようとする若者です。そんな若者と今、小水力発電で地域づくりをしようと協働実験に取り組んでいます。軍手に長靴、金槌、スコップを携え、さらには数学や物理の計算をしながら、図面を引き、と頼もしい若者たちです。飽和する環境や経済問題を背景に、時代の変わり目に立つ、楽しい民の一揆といえるかもしれません。

（二）水路探索

水の道

農村の現場を歩き、よく耳をすますと流れる水の音が聞こえます。たとえば道路の下に設けられた水路から草を濡らしながら勢いよく流れ出る水を見ることができます。水は正確に田に流れ込んでいます。この水路は百年も、いやそれ以上も昔に山中の水源から、高地から低地へと全ての田に平等に水を分配するために、村人が肉体的な労力と知恵を駆使し、努力して造った水路です。

北海道大学和歌山研究林は、和歌山県でも最大級という天然林を保有しますが、研究林の麓の平井集落では主として研究林内から湧き出た水を利用しています。平井区の飲み水は、文字通り「天然水」。山の源流から流れてきた素のままの水なのです。

平井区には七つの水利の班があり、それぞれ水源地からパイプを伝って運ばれる水の道を管理しています。山の水源は住民らが探し、水路を作り集落へと水を引いたものです。その努力の結晶は集落の生活と農業を支えてきましたが、平井区は超高齢地区のため水路の維持管理が困難になってきています。

水路探検隊

和歌山大学の教養科目「熊野フィールド体験」は、複数教員が分担する熊野地域現場での調査実習科目です。後期では古座川町をフィールドに「観光」「産業」、筆者担当の「集落水道とコミュニティ」の三テーマについて学生がチームに分かれ調査しました。学生にとって観光や産業は、地域活性化との関わりの中で一見わかりやすいテーマです。しかし、「集落水道」について最初は理解できなかったようです。「何するンすか?」と尋ねる学生に「集落から水源までの水路を明らかにする」とだけ答えました。「水路を辿ってどうするの?」とでも言いたげな学生とともにいざ山へ。案内役は区長と元区長のおふたり。

水源の水を採取（北海道大学和歌山研究林）

川を遡り、藪をかき分け山肌を登り、そこに現れた用水路の石組み、崖を削り水の道を造り、村に初めて電灯を灯した水力発電の遺構。全てが人力による生活遺産や生活資源を目の当たりにして、学生たちはたちまちに調査に夢中になりました。

ある山肌の細い道に整然と続く石積みの水路跡を辿ると、杉林の中に現れたのは区長さんの家の水田跡でした。集落を見下ろすその田は区長さんのお父さんが拓いた所。区長さんも若い頃に赤土を苦労して運び、叩き、水路や田を作りました。そんな話をする区長さんは涙目になっていました。「親父の苦労を

水路を辿る

思い出した。学生たちとここに来ることができてよかった。この調査はわしにもとてもよかった」と。水の道の迫力に学生たちも真剣になり、ついには、自ら地図を分析し、谷に分け入り、廃村となった集落の水路まで発見してしまいました。

涙とともに昔を思い出した区長さんは今、水道導入に努力されています。村の近代化です。どちらがよいとは言えませんが、村に残る自立の象徴である水の道を土に埋もれさせてしまうのはとても惜しい。そこには集落の地形を計算し尽くした土木技術や知恵が活きているからです。

現在、那智勝浦町で水車の復元に取り組んでいますが、いよいよ水路も復元し水車の試運転を開始します。この地区にも不耕作地が増えていますが、見事な水路を保有しています。学生や若い人には、この水路の価値を知り学んでもらい、先人が作った知恵の結晶を新たに活用する道を拓いてもらいたい。きっとその道はあるはずです。

（三）威風堂々

寺の存在感

廃校調査で、まちやむらの津々浦々、路地の奥、裏山の樹林の中まで探索を続けています。探しているのは、学校のルーツ。ある学校のルーツには何校ものルーツがあり、それらの始まりの所在地を調査しています。廃校に至るまでには、寺子屋→学校設立→統合→分校→吸収合併→休校→廃校、などの歴史を持ち、この間にも、校名変更、再独立、再統合と複雑な歴史を持つ学校もあります。一方、寺子屋→学校設立→統合、という通常コースもあります。人間の系譜は一人から増えていきますが、学校はその反対。多くの系譜からだんだん一つになっていき、ついには消滅しているのです。

禅林寺（海南市幡川）。現大野小学校の母体のひとつ、幡川小学校が禅林寺で開校した。

学校制度の頒布は明治五年（一八七三）。今から一五〇年近くも前のことで、記録が喪失されていたり、統一的な記録が整備されていなかったりで、学校創設地を探すことは簡単ではありません。学校ルーツのひとつの目安は「寺」です。寺小屋は江戸時代、子どもたちに読み書き、計算などを教えた民間の学校。必ずしもお寺ではなく、地域の教養人が居宅を開放し教育することもありました。明治初年の和歌山県の寺子屋数は一七〇（当時の文部省資料）、三二八（和歌山県誌）、六〇〇（学説）と諸説あり、実際は文部省が把握した数の五倍くらいあったともいわれ、農村や漁村部にまで広く普及。男子のほとんどは近所の学舎に通い、名前くらいは書けるようになっていたと推察されます。学制開始で多くの小学校は寺小屋からそのまま移行。またお寺や神社を借用し開設しました。私たちの調査では、和歌山県では六、七割が寺院で始まっているようです。

こういう背景を持つため、地域のお寺の確認が必須ですが、町の路地を入ったその奥に、いきなり立派なお寺が現れるなど驚くことが再三です。地域では少子化だ高齢化だと慌てながら、この寺の存在感はどうでしょうか。生命力をたたえながら威厳のある姿で存在しています。

石垣の存在感

廃校調査の中でもうひとつ感銘を受けるのは石垣の姿です。山の樹木の間に続く猪垣(ししがき)、寺や名家を囲む一分の隙もない見事な石垣、小さな石を積み重ね田や道を形成する住民手づくりの石積み。猪垣はイノシシよけとも防風のためともいわれますが、要塞と見えなくもない。この石垣の向こうとこちらでどのような争いがあったのか……。また男子は田の石垣を上手に作れないようでは「嫁が来ない」と言われていたとも。田の石積みは田づくりにつながる「男の甲斐性」を表したのです。

これらの寺や石垣は、「廃校舎をイベント活用して活性化を」などという昨今の風潮にも無縁の存在感を示しています。廃校は地域に子どもを産む若い世代がいなくなったことの現象。地域がその地で子を産み育てることを保障しなくなった結果ともいえます。地域はコンパクト化する方が良いとの考え方もありますが、その議論は別として、この廃校調査では、廃校の利活用という、すでに歴史上の役割を終えたという結果にこだわりません。廃校に至った風土と社会が今も伝えている、その濃密な存在感にこだわりたい、と続けています。

田の石積み（那智勝浦町）

そうして、探索した学校情報は一六二六にもなり、このほど『熊野の廃校』としてまとめました。一緒に調査を続けてきた和大の中島敦司先生との共著です。近日発行。ご期待ください。

(四) 別のはなし

霞ヶ関で

東京メトロから丸の内や霞ヶ関の街路に出ると、「おおっ」という気になります。世界市場に向かって居並ぶビル群と政策立案の本拠地。日本の国家を背負った本丸です。私はこの都心からずっと遠い熊野の地に頻繁に出かけ、地元の若者たちと生活手段を生み出すための社会実験を繰り返していますが、この霞ヶ関と熊野の地平はつながっているのだろうか、そんな感慨を抱きます。

農林水産省のある委員会に出席したのですが、会議の参加者と最近の食品製造の動向を話しました。農業を含む食品産業界では新規の技術開発や商品開発に盛んにチャレンジしています。同じ委員の方は北海道からの専門家でした。彼によると、北海道の食品製造企業の九七、八パーセントが中小企業であるにもかかわらず、国の助成を受けて取り組む農業や食品に関する技術開発は残りの二、三パーセントの大手企業に偏っているというのです。もちろん国の助成は競争的資金といって誰でも応募できるのですが、大半を占める中小企業は研究開発する設備も人員も足りずその土俵に上がることはできません。

日本人が日々食べる食に関連する産業生産額は約七八兆円。一方、農業産出額は八兆円。約一割です。残りの九割は加工や流通、外食などサービスからの産出額。また最新データでは、農林水産物の輸入額は九兆円となり国内の農業産出額を追い越してしまいました。今から半世紀前には国民の食料費の半分以上は国内の農業生産物に直接頼っていました。それが、現在の食生活では国産の生鮮品ではなく、内外の素材を工場で加工したレトルトや冷凍食品、総菜や外食に大きく依存することになり、それは食品工業の大きな成長を促しました。「工業」ですからターゲットは全日本であり世界、となります。農業生産でもIT化や海外展開で成功事例が出ていますが、農業でも工業でも大手が成長し、零細がついていけない世界になっています。

市民との手づくり小水力発電（水車）

では、こぼれた地場の生産者はどこに向かうのでしょうか。手作りや地産地消に活路を見いだすのでしょうか？

暮らしの問題

今や巨大となった食品工業、一方の食農問題を含めた地産地消。この双方に共通するキーワードとして「地域資源」があるため話が混乱しますが、これは別の話だと考えます。食品の機能性技術開発で地域は「あまねく」元気にならないし、地産地消で農家は大金持ちにもならないでしょう。また、私たちがコツコツと熊野の地で発電実験を繰り返している小水力発電と超大規模メガ発電も別の話なのです。小さな発電所はがんばって

デモ用電気が灯った

も大量の電気は作れないのですから。つまり、地産地消や小水力発電が向かうところは、「経済」ではなく「生活」の問題なのです。こだわるのは大都市や巨大市場というモンスターではなく、生活の周辺である地域。では、生活視点の経済はダイナミックさに欠け、国力を衰退させるのでしょうか。

いや、芯がずしりと詰まった地域の強さを得るために、まずは生活の改革に目を向けること。地域活性という、空の彼方の漠然とした夢を追いかけるのではなく、足下の生活を取り戻すこと。そこから着実な経済に裏付けられた地域の暮らしを実現すること。モンスターに向かう日本の先端工業と地産地消がその時に初めて、「元気な農業・農村」を足場として「つながる」のではないでしょうか。

（五）くるくるくまの

f分の一ゆらぎ

「f分の一〈エフぶんのいち〉ゆらぎ」という言葉が二〇年ほど前に流行しました。科学的な根拠はわかりませんが、風のそよぎや川のせせらぎ、ろうそくの炎など自然現象の中に発見されたもので、快感や安らぎを与えるものとして注目されました。先日、そのことを思い出しました。

和歌山大学が那智勝浦町高津気で地域の若者や住民の方、学生らと取り組んでいる小水力発電装置の公開運転実験を行いました。水利組合の了解を得て水路の堰を開けると、水車が勢いをつけて回転。この季節、熊野の水はとても豊かで清涼です。水車は直径三メートルの上掛け水車。ザブン、ザブンと水を溜めた水車が回り始めると、さっきまで賑やかに、電灯をつけたり掃除機を回したりと発電された電気利用の実験を行っていた

回り始めた発電水車

皆が、そのうちに一様に黙ったままじっと立ち尽くし、ただ回る水車と水を見つめ続けているのです。水車の音だけが聞こえるひとときの静寂……。

川から流れる水の音も、学生や大工見習いの若者が試行錯誤しながら作った水車も、精巧、精緻とは対極のものです。水に濡れた杉材も、見方によっては少し「不細工」なところも実に「いい味」を出しているのです。

くるくるくまの

f分の一のゆらぎとは、正確に規則正しい繰り返しと不規則なノイズの中間のものとされ、音だけではなく、視覚でも、たとえば直線的なビルや一分の狂いもなく大量生産された工業製品には存在せず、伝統的な木造家屋や手づくりのものに存在するとのこと。つまり、自然のリズム、呼吸の中で、調和しながら居ることの心地よさなのです。手づくりの水車が奏でるリズムは、集まった皆の心に平和でのどかな時間と空間を与えてくれました。

富と幸福の循環

水車といえば、ノスタルジーを呼び起こすものとして表現されがちです。しかしここではもっと戦略的です。今の時代、ノスタルジーではご飯は食べられないのですから。高津気地区に農村集落調査のために入ったのが二〇一〇年。その後、水車再生、水車小屋再生、発電装置設置と大工さんや工務店さんのご指導をいただきながら、昭和初期に精米、精麦、製材まで行っていた水車と水車小屋造りの追体験をしながらこの日に至りました。平成の今、水車発電は、生活の楽しさや豊かさを生み出す原動力になるはずです。

この水車小屋は若者の発案で「くるくるくまの」と名付けられました。自然の水からエネルギーが生まれ、そのエネルギーが地域の生産活動の一助となり、生活に豊かさをもたらす。水から生まれた経済が、くるくる地域を回り生活の満足を高めるだろう、という深い意味を持っています。富と幸福の地域内循環です。

この水車プログラムに積極的に参加した新谷君が「くるくるくまの」の表札を墨で書きました。板は廃材。お習字は上手くない新谷君の字が、廃材の木目に映えています。字と木目の「ゆがみ」こそ手づくりの「ゆらぎ」。快感と幸福をもたらす地域の資源とそれに歩み寄ろうとしている「ひと」の魅力を発見した一日でした。

(六) 限界集落論争

数と質

「限界集落」に関する論争がまたにぎやかになってきました。限界集落とは、六五歳以上の高齢者が五〇パーセント以上を占め、地域での共同作業ができないなど集落維持が困難になることを示す概念として、一九九〇年代の初めに高知大学の社会学の先生が示したものです。その後、国土交通省が、今後一〇年間に高齢化が進み消滅する可能性のある集落が二六四三（全国集落調査、二〇〇六年）と発表し、「限界集落」の言葉はセンセーショナルにマスコミにも取り上げられていきました。全国で過疎高齢化が進行し、地域産業の衰退や孤立集落など多様な問題が心配され、政府も地域の自治体も、集落の人口減が見過ごせない問題になってきていたからです。

高齢化集落は、そのまま年齢を重ね、超高齢化集落となっていきましたが、その間、画期的な解決策はありませんでした。そして昨年、とどめを刺すように登場したのが「増田レポート」。元総務大臣の増田寛也氏が、子を産む世代である若い女性の人口動態に注目し、出生率との関係から「二〇四〇年までに全国自治体の約半数である八九六の自治体が消滅する」と予測しました。政策の中枢にいた方の論説だけに、この「地方消滅論」は、政治家や大学人などがこぞって引用し、言葉は適切ではありませんが、大ヒットしました。

　これに対し、地道にフィールド調査をしてきた研究者らから反論が出て来ました。「地域は消滅しない」というのです。地域は、高齢化、限界、消滅に至ると言うが、ダムや自然災害による移転、高度経済成長期に皆で村を出た山村の集落移転事業の他には、「高齢化のためだけに」消滅した集落は見あたらないとし、地域に新しく入って来る若者や、地域資源を活用した新しい生業おこしの事例をあげています。

農家の方に学ぶ

　たしかに、私たちも高齢化が四〇数パーセントにもなる和歌山県の超高齢山村を調査しますが、地産地消に近い生業と助け合って暮らす生活スタイルで「しぶとく生きている」のが現実です。この生命力の前に地域の存続とは何か、といつも考えます。先の論争の違いは、人口データを背景にした「数」と暮らし方に焦点を当てた「質」の問題の違いでしょう。しかし、数は質を保証しないし、質は数を保証しないのです。若い人口が集中している都会では、田舎よりも少子化が深刻だし、暮らしの質を求めて田舎に移住した層も、まだまだ非力と言わざるを得ないからです。

「すげえ」の実感

こうした論争に引き寄せられ、地域で勉強会を繰り返す動きもありますが、なかなか特効薬はありません。その中で可能性があると思うのは、やはり若者です。先日も農業実習の授業で、一五名の学生が水路の溝掘りを行いました。深さ六〇センチ、長さ二〇メートルほどをスコップで掘り続ける、単純な土との格闘。しかし学生たちは、田と水路の関係、先人の苦労、肉体労働の爽快さに感動し、深い土の底から現れた過去の石組みの水路跡に、「すげえ」と感嘆の声をあげました。先人の労働と現在の若者の労働がクロスした瞬間です。

溝掘り

若者の人材育成、とは耳にタコほども聞きますが、労働と先人のすごさを実感することが「地域にしぶとく生きる」ことの源泉ではないか。限界集落論争にとって「残された時間は少ない」けれど、この「すげえ」の実感からやり直すことが遠いけれど近道なのかもしれません。

（七）熊野の廃校

一六二六の学校

丸三年かけて廃校調査を進め、今春、『熊野の廃校』（中島敦司、湯崎真梨子共著）として発刊することができました。

明治四年、ちょんまげをやめましょうという断髪令が出ると翌年、政府はフランス式の学校制度を導入しました。このあたりの日本の「変わり身の早さ」には驚きます。学校制度は、全国津々浦々に強制され、どんな山奥でも、貧しくても、男女の区別なく子どもは学校に行くことになりました。日本の教育制度の浸透スピードは、世界トップであったといわれるほどです。

『熊野の廃校』

明治初期の学校統計には、村から郡事務所へ、郡から県へ、県から国へと報告される途中に年度が変わったり、記録の誤記があったりしたのか、資料により数字や校地に違いがあるなど不明点が多いのです。そうした混乱も含めて学校草創期に、地方が近代化を受け入れた姿を丹念に紐解いていきました。

昨日までちょんまげ、とは比喩的に語っていますが、突然降って湧いたような学校の強制化は、お金もかかるし（当時は学費が必要で、学校建設も地域の負担だった）、重要な働き手である子どもを日中、学校に取られるため住民にはとても不評でした。しかし、子を育む場所としての学校教育が地域に認知されていきます。それには熊野では三〇年の時が必要でした。

和歌山県の小学校は最大で七八八校にもなりますが、大体四〇〇校くらいに落ち着いていきます。各学校は新築移転や統廃合により所在地を何度も変更しています。私たちはその校地変遷も過去に遡り一つひとつ探訪し場所を特定し、その数は一六二六にも及びました。この一六二六には地域が学校教育を受け入れていく過程の葛藤、工夫、共同して問題解決する知恵の捻出、などさまざまな背景があり、廃墟に分け入り調査をする私たちもまた、その時代の地域の姿を追体験していきました。それは大変な作業でしたが楽しい調査でした。

トレジャーハンティング

全国では毎年約五〇〇校が廃校となり、和歌山県でも昭和三〇年代初めに比べ小学校は二〇〇校近くも減り、この三年間でも一五校が廃校になりました。文部科学省は増え続ける廃校施設の活用を勧めるパンフレットを作っています。題名は「未来につなごう、みんなの廃校プロジェクト」。明るい誌面で、体験交流施設や福祉施設などへの活用事例を掲載しています。廃校は、ふるさとの魅力ある宝として、地域活性化を生み出すものと期待されることが多いのです。
しかし、「廃校」にノスタルジーをまとわせ、だから地域活性化につながる、という論説は危険です。

観光利用に失敗した三越小学校（旧本宮町）

廃校は、郷愁よりも重い地域の危機の最初の兆候、あるいは最後の結果。住民が廃止を決断した学校は、もはや地域の宝ではなく、広い空間を持つ建物物件となってしまったのです。

『熊野の廃校』では「廃校探しはトレジャーハンティング、一六二六の真実」として、熊野地域に残る廃校を数百枚の写真で追跡しています。トレジャーハンティングとは、廃墟の財宝探しのこと。地域の宝、とは、歴史の末端で捨てられた現在の廃校ではなく、どんな山奥にも学校を中心に暮らしが活き活きと存在していたという事実こそが宝なのです。その宝を掘り起こし、学ぶことで、そこからきっと新しい道が探求できるのだろうと、廃校調査の中から確信しました。

(八) 梅王国の正念場

みなべの梅

和歌山県の梅収穫量は全国の六〇パーセント以上も占め、他県が束になってもかなわないほどの梅産地です。中でもみなべ町は和歌山県内収穫量の半量近くを占める文字どおり梅王国。この梅王国で今、何が起こっているのでしょうか?

一九八〇年は、日本にとって一つのエポックでした。私たちの身体を作る栄養素には、たんぱく質(Protein)、脂質(Fat)、炭水化物(Carbohydrate)の三大栄養素があり、どれかに偏ることなくバランスのよい食生活が大事です。このP・F・C割合が、ぴったり適正比率を示したのが一九八〇年。ちょうどその頃、日本人の平気寿命が世界トップに躍り出ました。

日本人の長寿の秘訣は、ごはんを主食とし魚や野菜などのおかずを摂取する日本型食生活にあると世界でも注目されました。国内でも健康ブームが起き、健康食品の代表として梅の需要が一気に増加。「作れば売れる」時代に突入したのです。それは地元農家に莫大な収益をもたらし、梅御殿があちこちに建ったとのこと。梅農家は、余剰金を惜しみなく投資に回し、高性能の設備導入や農地造成と急ピッチで拡大路線を走りました。

そして今、青梅や梅干し消費の減退から、産地では繁栄から一転、生計が成り立たないほど、貯蓄の切り崩しや借入金で経営を維持している状況だというのです。一方、私たちの食生活も洋食化が進み脂質が過剰摂取となっています。白いごはんに梅干しの食生活は郷愁の世界に行こうとしているのでしょうか。

企業三〇年説

企業の平均寿命は三〇年との説があります。また、製品は市場に登場すると、成長し安定し、やがて衰退するというライフスタイルを持っています。人間も企業も製品も寿命があるのです。これを延命するには絶え間ない経営革新や新商品開発、独自の経営理念が必要とされます。

梅干しの爆発的ヒットから約三〇年。今が正念場と、産地では種々の模索が始まっています。先日、筆者の授業「グローカル起業論」に生産者をお招きしました。起業とは現状改革（イノベーション）から発想されます。改革は現状の不足や危機から芽吹くものでもあるため、今、みなべが危機に面しているのなら、産地のライフスタイルとイノベーションについて学ぶには恰好の内容です。

当日はみなべ梅干生産者協議会から稲見会長、山本、坂本両

授業風景

副会長から惜しみない情報をいただきました。彼らは自らの産地について冷静に分析されていました。つまり「梅産業の発展と共に梅の単一栽培に特化し、経営リスクの分散ができていない。個々の農家が大規模化し、かつての地域共同体・集落営農の意識が薄れてきた」というのです。成功体験からの自信過剰や規模の追求への反省、産地結束の原点に気づいたこの自覚にイノベーションへのヒントがあるのかもしれません。

受講生全員で梅干しを試食しましたが、「酸っぱくて食べられへん」と悲鳴を上げる女子学生もいるなど、最近の嗜好の変化は一筋縄ではいきません。しかし、当日の講義では、明治期に山間の貧村であったみなべで窮乏の中でも品種改良や栽培技術を確立し、超一級ブランド南高梅を生み出した先人の努力が紹介されました。栽培に没頭した先人を受け入れ、尊敬し、力を合わせ産地化した農民の気質が、当日の三人の方々にも脈々と受け継がれているように感じました。このままでは終わらない、産地の底力に注目していきます。

紀州南高梅

（九）田んぼでお米を作りましょう

田植えの季節

田植え実習（和歌山市梅原）

郊外を行くと、新しい家々の間にも、田に水が張られ新しい苗が植えられ始めています。夜ともなればカエルの声が盛んに聞こえる季節。最近まで水田地帯だった名残のような生命の声です。

先日聞いた歌声が頭の中に繰り返し浮かびました。

田んぼでお米を作りましょ　自分の食べる分くらい
……耕し、水張り、畝を塗り　苗を一直線に植えましょう

紀美野町の四方を山に囲まれた山村、真国地区にある、りら創造芸術高等専修学校の先生と生徒さんが作った歌です。（作詞／岡村智香・弓庭規生、作曲／弓庭規生）。歌は三番まであり、水抜き、中干し、草を引き……と農作業の手順を軽やかに歌っ

ています。真国御田の伝承活動の一環として生まれたとのことです。上手く育てた苗を田んぼに植えるとお百姓さんの仕事は八分かた終わったというほど。水を湛え、田んぼが一面に空を映し出す今頃の風景は、お百姓さんの、ほっと一息ついた一段落の光景なのです。

そんな風景も、田をつぶし、住宅やコンビニや大型スーパーになり、すっかり変わってしまいました。また、農山村では耕作されない荒れた田んぼが目立つようになっています。

耕作放棄地

耕作放棄地とは、もう耕作しない、という農家の意志を表す「棄てられた田んぼ」です。日本全体で耕作放棄地は農地面積の一〇パーセント以上にもなっています。和歌山県では、約三万五〇〇〇ヘクタールの耕地面積に対し耕作放棄地は四二二八ヘクタールと約一二パーセント（二〇一〇年）。近年は、毎年平均一七〇ヘクタールもの耕作放棄地が報告されています。米づくりが経済的に見合わなくなり、新規農業者は増えず、農家は年齢を重ね棄農の決断をせざるを得なくなったのです。

増え続ける耕作放棄地対策に国が打ち出したのは「農地を効率的に集約整備し、意欲ある就農者に貸し出し、産業として成り立つ大型化した競争力ある農業をめざす」というもの。事業初年度の二〇一四年に和歌山県の実績は一一ヘクタール。国が和歌山県に求めた目標の一パーセントでした。

この事業を検討する地区会議に出たことがありますが、「集約整備をしないと地区の将来はない」という声とともに、「段差のある狭い農地も工夫して作ってきた今までの農業はどうなるんだ」など戸惑いの声もありました。和歌山県の多くの農業地域では、もともと大きな経済をめざした稲作ではなかったから、効率的大規模農業へのリアリティがないのです。

経済性重視のためには、水と土とお日様と対話し米粒を愛でた小さな喜びを棄てなくてはならない。ご先祖が守ったうちの田んぼはどうなるんだ……。踏ん切りがつかないのは、自分の食べる分くらい作ってきた、暮らしや家と結びついた農業との決別だからではないでしょうか。

田植え綱を張る

生物多様性や多面的機能の言葉を持ち出さないと田のアイデンティティが不明にもなってきました。経済性も環境問題も、風景に関する叙情性もいったん横に置き、作ることは食べること、食べることは生きること、この基本を忘れてきたことが、現在の混迷する農業を生み出したともいえます。

明日は田植え。学生ともども田に入り、作ること、食べること、生きる力を思い出したい。平成も七、八年生まれの学生にはどう伝わるでしょうか。

（二〇）一六三九の吾（あ）が

意地の廃校

廃校調査では、学校沿革史や郷土誌などを調べますが、昭和初期くらいまでの議会議事録には、「生々しい」記録があり興味を引かれます。

明治二二年、日本政府は市町村制を実施し、国家として縦割りの強固な地方自治体制の確立をめざします。和歌山県ではこのときに二三二の市町村に統合。これ以前には一六三九の町村浦で構成されていました。浦とは、雑賀崎浦、下津浦、串本浦など五八浦。「海のむら」です。その一六三九を調整し学校が形成されますが、実際はお寺を借用し寺小屋と変わらない実態もありました。余談ですが、近著『熊野の廃校』（湯崎、中島共著）の執筆時点での調査学校数は一六二六。学校変遷史調査なので新旧校の重複もありますが、かなりよい線を行っている感じです。

市町村制ができると、学校統合問題があちこちで出て来ました。いつまでもお寺の廊下の間借りというわけにはいかないだろう、ということです。そこで近隣地区の学校をまとめた新築学校の立地問題が起こります。A地にすればB地の子は峠を三つも越えねばならない、B地にすればA地の子は不便だ。AB間の調整は紛糾し、形勢の不利なB地区では地区内の全児童を不登校にするようなストライキをしたり、中央に陳情に行ったり、ついに村長の辞職問題に発展することなど珍しくありませんでした。紛糾の結果、「痛み分け」としてAからもBからも不便な山の中のC地点に学校を新築することに決定。それが当時の「合意形成」でした。

またある学校では、村が推薦した校長ではなく県が別の校長を指名したことに村を挙げて反対。村の意志に反してこの校長が赴任するならば「一歩も村内には入れない」とまで激しく拒否。県との合意が取れない（つまり、負けた）となるや、村会はこの学校の廃校を決定してしまいます（実際に廃校になった）。町長の辞職や学校を潰してしまうほどの激しさの理由は何なのでしょうか。

高台の学校から見る。元、海部（あま）郡大崎浦（現在の海南市）

生の歴史

「土地」と政治を割り切って考えるのが「近代」なのかもしれませんが、割り切れないほどの在所への強いこだわり。郷土愛というような生やさしいものではなく、通学が不便というわかりやすい理由以上のもの。誤解を恐れずにいえば、学校は大人の意地の象徴として利用されたのではないか、土地に結びついた「吾（あ）が」の深さと激しさでしょうか。「あが」とは和歌山県の方言で、自分のこと。「あがら」とは自分たちのことで、独特の「身内意識」を示すようなニュア

学校のルーツだった神明神社（紀の川市）

ンスがあります。あが、の背景とは何なのか、筆者らにも十分に分析できていません。

強い「村の意志」も風俗も飲み込んで、市町村は戦後になって二〇四、昭和の合併で五〇、平成の合併で三〇に統合されていきました。

現在の私たちの県土には、一六三九の土地の苦しみや喜び、親にすがり必死に生きた子らの歴史が詰まっています。その歴史の証言者のひとつが廃校です。

廃校は今、福祉施設などに役割を変えたり、広い建物がビジネスチャンスとして市場流通されたり、あるいは山奥の廃校を探し出しては写真を撮りコレクションの一つとして満足をする廃墟マニアの空腹を満たす対象ともなっています。学校の存続と立地にこだわり、激しく敵対した「あが」意識は希薄になりました。

そのまま山の中に戻すもよし、マニアの愉しみの対象になるもよし、土地物件として新たな価値を生み出すもよし。今改めて廃校の意味を自己納得しています。この土地の下に一六三九の激しい生の歴史があろうとも、明治以降一五〇年経ち、ひとつの時代が終わったのだと、多くの廃校が教えてくれました。

（二）最強の軽トラ

田舎のポルシェ

担当する農村・農業関連の最初の講義で、学生意識を探るために農村イメージをラフスケッチしてもらいます。すると学生らは山と田畑の風景に軽トラック（以下、軽トラ）を描きます。軽トラは若い学生の目からも農村の代表的要素のようです。

農山村に調査に出かけると、住民の方が「送るよ」と言って軽トラのドアを開けてくれます。そして山道や坂道を結構なスピードを出して飛ぶように運転します。走向能力と登坂能力に優れた軽トラは別名「田舎のポルシェ」。運転するおじさんも後期高齢者ながら「スポーツカーを駆るにいちゃん」さながら軽快なテクニックです。

軽トラは仕事や買い物の足以外にも、災害時には避難所までご近所のおばあさんを一人ずつ乗せてピストン輸送するなど大

自然エネルギー研究会

活躍。軽トラあっての山村の暮らしなのです。和歌山県の軽自動車保有率（対自家用車所有数）は二〇〇九年に全国トップ、現在も上位に君臨し、うち軽貨物車保有は三五・五パーセント（二〇一三年）。まさに軽自動車の雄ともいえる県です。

晩酌システム

先日、和歌山大学自然エネルギー研究会を開催。低炭素型地域づくり、産業おこしを産学官民で研究しようと始まった研究会も七回目。会を重ねる毎に実践家の参加が増え熱気ある研究会になってきました。環境問題や地域問題に対して自らアプローチすることが切実な問題となってきたためでしょう。

今回のテーマは「地域と森を元気にする仕組み―木質バイオマスエネルギーを中心に」。講師の森さんは、林地残材を活用し地域で経済が回る手段として低投資、低リスクの薪ボイラーに注目。先進地である欧州調査に飛び込み、技術論、経営論、地域経済と雇用の好循環のしくみなど、具体的なノウハウを手に入れ、若いながら薪ボイラー普及のための起業までしました。

薪ボイラーとは、薪を焚いてエネルギーを取る、昔は当たり前だった風呂焚きの原理。木材価格の低迷―森林の放置―土砂災害の原因―雇用ができず若者は町へ―山村の衰退、という負の連鎖は、解決への決定打もなく、もやしのような森林と空き家が増えるばかりの山村は近く消滅するとのデータも出されるほど。このままでは住民の方の無念の気持ちまでが風化していきそうです。

自分の山の間伐材などを自分で伐り、軽トラの荷台に積み集積所に運ぶと地元で使用できる地域通貨が支払われる「木の駅プロジェクト」が、森林管理と地元商店の活性化、収入にもつながるなど、地域自治のしくみとして各地で広まりつつあります。和歌山県でも日高川町では、軽トラ一杯分で還元される地域通貨でお酒を買って明日の英気を養って、との「晩酌事業」を実施。持ち込まれた木材は、町内の温泉施設の燃料にも使用されています。家の近くに山があり、木材の搬出入場所と軽トラの関係が近いからこそ可能なシステムです。

軽トラの列（写真：鳥取県智頭町木の宿場実行委員会）

森さんの報告で、木の駅プロジェクトに取り組む地域で、木材を載せた数十台の軽トラが列をなす写真が示されました。それは壮観でした。森林資源の熱利用はうまくいったとしても日本の全使用エネルギーの数パーセントにも満たないとの試算もあります。しかし論点は、そこではないのです。小さなエリアの森とお金と雇用とやる気の問題。見よ、この軽トラの列です。

自前のエネルギーを持つことは災害への備えにも心強い。身の丈だけど自分らの責任で木を活用する意欲の象徴、軽トラの列を和歌山県でも見たいものです。山の男性たちは「自分に任せろ」とばかりに張り切るに違いない。

（一二）二人の食卓

飽食と廃棄の国

日本は世界でも一、二を争うほどの食品廃棄大国。年間五〇〇～八〇〇万トンも売れ残りや食べ残しなど食品ロスで棄てています（農林水産省、二〇一三年）。これは世界全体の食糧援助量の約二倍。国内の農水産生産額とほぼ同額を家庭から残飯として出し、その廃棄物を処理するためにも多額の費用が使われています。私たちは食べては捨てる飽食の民、です。

しかし、世界には「飢餓」の現実があり、五秒に一人の子どもが飢えにより命を落としている、と国連は報告しています。世界トップの死因は餓死だと。

先進国の私たちは脂肪と糖の過剰摂取で肥満や生活習慣病に悩み、一方、アフリカやアジア、中南米などの最貧国では一さじの穀物も不足。栄養過多と飢餓が地球上で同時に存在しているのです。

では、世界に食物は足らないのか？　いえ、世界の年間穀物生産量を世界人口で割ると、一人当たり生存に必要な量のおよそ二倍が分配される計算になります。貧しい国に食料が不足するのは、本来人間に行き渡るはずの穀物を飼料として牛豚などに与えていることも原因。人間の一〇倍も穀物を消費する牛を育て、その肉を私たちは多食し、脂肪過多というぜいたくな矛盾に悩んでいるのです。

画期的なアイデア

肥満と飢餓、この二つの世界的課題を解決する方法はないものでしょうか。その答えを一九九七年、日本の若者が実践しました。彼のアイデアはこうです。

食堂やレストランでカロリーを抑えた栄養バランスのよいヘルシーな食事を摂ると、一食につき二〇円を開発途上国の学校給食として贈るのです。彼が立ち上げたTFT（Table for Two）は、肥満と飢餓を同時に解決する画期的なしくみでした。二〇円というのは、開発途上国の給食一食分の金額なのです。

さらに画期的なのは、この二〇円が未来の国づくりへの投資になっていることです。

豊かな食があればこそ……（タイ）

飢餓にあえぐアフリカの子どもたちの写真を見せ、この子らを救うためにどうするかと授業で取り上げると、学生らはまず、寄付や食糧援助と答えます。普通の発想でしょう。しかし、対症療法では砂漠に水を注ぐような限界もあります。その国が飢餓から脱出する根本的な方法は？

貧しく飢餓に直面する国では子どもは学校どころではなく、学校に行かないから教育水準も低く、

ＴＦＴランチ（和歌山大）

大人になっても貧困から抜け出せないという負の連鎖が続くことになります。しかし学校に行けば給食が食べられる、となれば親は子を学校に行かせ、学校に行けば「ついでに」勉強もする。そうすればもっと勉強して仕事に就き、家族や国のために貢献したいと思うようになるかもしれない。二〇円は一食を満たすだけではない、学校給食だからこそ、その国が負の連鎖から脱出する糸口になる大いなる可能性を持っているのです。

ＴＦＴ運動は世界に広がり、大学にも広がりました。和歌山大学でも二〇一一年にこの運動に共感する学生らがヘルシーメニューを考案し学生食堂に提案。理解力ある料理長が導入に尽力してくれたそうです。現在、先輩の志を継いで活動するのは白井君（三回生）ら五人。仲間を募集中の白井君はＴＦＴ活動を「一粒で二度おいしい」と言います。おいしく食べてアフリカの子どもとつながっている、そんな誇りが持てると。

和大生と現地の子どもが、学食と給食で、時と空間を越え一緒に食卓を囲む―和歌山市栄谷の丘の空とアフリカの空がつながっている、人間どうしの尊厳を育むつながりでしょうか。和大生もなかなかやるな、と応援しています。

（一三）那智の滝の下に

学生の質問

先日、学生から次のような質問を受けました。

「小水力発電装置の発電能力について、落差一三三メートルの那智の滝の真下に勢いよく水を受ける水車を設置しても発電能力には関係がないとの記述があったが（筆者新聞コラム、平成二七年一月二七日版）、気になったので水力発電のしくみと発電量に関する導出式を調べてみた」とのことで、「水力発電所の出力は、重力加速度×流量×有効落差×発電設備効率の式で示される。この場合、効率は一定なので、出力は流量と落差に比例するはずである。だから、落水距離と発電能力は関係がない、というのは間違いではないか」というものでした。

たしかに、日本一の那智の滝を見上げ、この真下に水車を設置したら、それは激しく回り大きな

那智の滝

エネルギーを取り出せるのではないか、と想像します。しかしコラムの背景となった和大が運用実験で設置した、かつての農村風景の中に見たような水車（開放型水車）では、そのようなことはないようです。筆者は物理が弱いので学生からの質問にわかりやすく答えるために、水車運用実験で技術的な指導を受けた岐阜の野村先生、和大の中島先生に再度確認しましたが、那智の滝の例は間違いではありませんでした。

つまり、滝の真下に開放型水車を置いても、滝の落差で生じるエネルギーは拡散してしまい、そのままエネルギーを水車の回転に伝えることができないのです。開放型水車の有効落差は、上からの落水距離ではなく、だいたい水車の直径となります。一方、滝の上部にタンクを設け、そこから密閉したパイプ（水圧管）で滝の下部まで導水すると、滝の高低差によるエネルギーをロスなく回転に変えることができ、発電出力は学生が示した式で導かれます。新宮市の高田小水力発電所は、山の上から百数十メートルを一気に導水する方式で、地域で活用できる電気を発電しています。

なるほど、この原理を知ると、発電の規模もその使い方も具体的に構想できてきます。

地域資源を取り出す

地域活性化のための地域資源活用が盛んに言われます。農林水産省は農山村の地域資源として、農林水産物、バイオマス、経験・知恵、自然エネルギー、伝統文化、風景などを上げています。事例として地元食材を使ったジャムやジュースなどの商品開発や伝統食レストラン、古民家や廃校活用カフェ、田舎体験観光……などが日本中で盛んです。努力や工夫はなされていますが、多くは特別なスキルがなくとも、その気になれば誰もができること。長く続かず「儲かる幻想」に終わる可能性が高い傾向があります。

では、持続的で価値の高い地域資源活用とはどういうことでしょうか。

高田小水力発電所（展示パネル）

滝の話でいえば、その活用には、「落差と運動エネルギーに関わる自然の原理」と「発電を自前でつくる地域社会の営みの姿」を結びつける、両方の力が必要です。地域資源の単純活用ではなく、地域資源を活用できる形で「取り出す」からこそ、地域の中で生き続け、価値が高くなるはずです。取り出すには工学自然科学の知識や技術が、継続的に活用するには社会や暮らしに対する想像力が必要になり、そこでは人々の得意技を持ち寄ることになります。

地域資源を「取り出す」とは、自然原理から人間活動を生み出すこと。それが未来に続く地域資源活用ではないか、と学生の指摘をきっかけに改めて気づきました。

（一四）戦争と子ども

和歌山大空襲

昭和二〇年七月九日、米軍は、無抵抗の和歌山市民の頭上に無差別じゅうたん爆撃を開始しました。焼夷弾は火災を起こして町を焼き尽くす爆弾で、火の雨のように空から無数に落下。木と紙でできた日本家屋は一瞬のうちに燃え上がり、炎の渦の中を人々は逃げ惑いました。爆撃は一〇日未明まで続き、この数時間で和歌山市中心部は一面の焼け野原となり、千数百人が死亡。市民は今も深い慰霊を続けています。

当時、和歌山市内には二九の小学校がありました。その内一二校（始成、内町東、内町西、宇治、番丁、湊南（そうなん）、雄（おの）、新北、大新、新南、広瀬、広南の各学校）が大空襲の一夜でほぼ跡形もなく消失。これを期に廃校となり、新たに六つの国民学校に統合されました。消失した学校について、昭和二〇年五月の在学児童数と昭和二一年四月の在学児童数の記録があります。数字は各校の合計児童数です。

始成、内町東一〇五〇人→二七一人、内町西、宇治、番丁一四四五人→二四五人、湊南、雄一六七九人→四六九人、新北、大新一三八〇人→三四七人、新南八八九人→六一二人、広瀬、広南

一三四七人→三八五人。戦災後の児童の激減が痛ましく胸を打ちます。

青空学校からの再建

驚くのは空襲直後から子どもたちも先生も小学校に集まり、授業が再開されたことです。とはいっても学校は焼けてしまい姿形もありません。

新南小学校の先生や父兄は、焼け跡から資材を集め校門近くにわずか六坪のバラック小屋を建て、この小屋を拠点に学校再建に奔走しています。始成小学校は、明治六年に県下で最初に創立した由緒ある小学校で、現在の本町小学校の前身です。跡形もなく焼けましたが、焼け残ったコンクリート塀を黒板に、焼けた校舎の炭をチョークに青空学校を始めました。やがて冬が来て、野外教室はつらく、他所への間借りも肩身が狭く、学校再建は悲願となり、先生、子ども、父兄総出で「血の汗」を流しながら校地整備に奮闘。新校舎設立式には校長はじめ児童も感極まり涙した、と校史は伝えています。また、別の学校では借りた仮校舎に入るやいなや、進駐軍から立ち退きを命じられ児童が離散。先生が自転車を駆って、子どもの受け入れ先に奔走したというエピソードも記録されています。

始成小学校と内町東小学校が統合し本町小学校となった

つい昨夜まで恐ろしく残酷な空爆があったのに、それでも

消失した内町西小学校の校地付近

「学校」に集まり、先生も親も子どもも再建に力を尽くす……。学校にはそんな理屈を超えた力がありました。

戦後、七〇年を迎えた今、安全保障関連法案をめぐり世論がわき上がっています。ある学生ネットワークはこう訴えていました。「私たちだって、大切な人を殺されたら悲しいし、怖いし、やり返そうと思うかもしれない。そんな負の感情を断ち切るために積み重ねてきた、この七〇年の平和の歴史をないがしろにしたくない」と。

大人が仕掛けた戦火の中を逃げ惑い、それでも笑顔で塀だけの学校に集まり復興に幼い力を尽くした子ども。今、声を上げる二〇歳の学生。大人の論理は時代の論理でもあるが、子どもたちの声は、育とうとするいのちの根源に基づいているとはいえないか。七〇年前の子どもの姿、七〇年後の子どもの姿に教えられることが多いです。

（『熊野の廃校』（湯崎、中島共著）にも被弾した学校のことを書いています。）

（一五）内モンゴル資源バンク

砂漠緑化

クブチ砂漠

中国内蒙古自治区の西南部、オルドス市は砂漠と高原の市。北に大きく歪曲する黄河に囲まれたところです。八月下旬からこの地の毛烏素（モウソ）沙地での調査に参加しました。

土地を劣化させ不毛の土地へと変貌させる砂漠化は、地球上で年々深刻になっています。砂漠化の大きな原因は、人口増加による食糧増産、高収益を目的とした過剰な放牧、過剰な開墾、過剰な耕作、過剰な灌漑、過剰な伐採など。人間の行いが人間にはね返ってきているのです。

砂漠化を防止する砂漠緑化は、植物が厳しい砂漠環境の中で生き抜くために培ってきた、希少な水の動き、土壌の性質、植物生理などがあいまった生態系の微妙なバランスを知り、それを活かす方法での緑化でなければ成功せず、それゆえ、地道かつ緻密な調査研究が必要になっています。

調査中に、砂漠化防止活動で世界からも関心を集めている企業、China ELION Resource Groupの研究所、ＥＬＩＯＮ資源砂漠研究院を訪問しました。案内してくださったのは、元内蒙古農業大学の副学長で、内蒙古自治区科学技術協会主席の王林和先生で、ＥＬＩＯＮ研究院では統括する立場におられます。

自然保護と経済

研究所の目の前には黄砂発生源のひとつとされる広大なクブチ砂漠が広がっていました。王先生がプロデュースされたクブチ遺伝資源庫は中国西北部砂漠地帯の灌木や希少な絶滅危惧種など一〇四〇種もの遺伝資源を収集・保存する植物資源バンクで、展示パネルには資源庫の段階的な目的が示されていました。

まず、砂漠の薬用植物、灌木、絶滅危惧種、草本植物などの保全、培養段階。次に砂漠の回復を目的としたこれら植物の植栽基地建設。次に砂漠植物を活かした薬、化粧品、飲料、酒、健康食品、油、飼料、肥料、土壌改良剤などの開発や砂漠緑化、砂の固定化など生態修復への応用段階。最終的には国の内外へ技術ノウハウを広げるとして、次のメッセージも記されていました。

「何千年もの間、異なる生態条件の元で発展してきた絶滅危惧種は、人間の生存と再生のための材料の基礎を築くものとなる。貴重な富は破壊されたら永遠に消える」（以上原文は中国語、英語）。

このメッセージが情緒的な主張に終わらないのは、ここには自然保護、資源利用、経済をつなげるストーリーがあり、そのベースに生物学的な知識の集積が行われていることです。研究所には優秀な研究者が集まり、着地点を見据えた研究活動が実践されていました。

決して目先の利益や薄っぺらい貢献に惑わされるのではなく、砂漠緑化と砂漠資源の産業化、それによる貧困からの脱却など、永続的な社会貢献モデルの基盤として研究があり、それが研究の研究たる意義だと気づかされました。

資源庫の前庭で遊ぶ子ども。新しい町の住人か……。

なお、クブチ砂漠の傍には、砂漠化防止のために放牧を禁止された遊牧民を一カ所に居住させるためのマンションが建ち並ぶ新しい町が形成されており、言葉は適切でないかもしれませんが、砂上の楼閣の印象を持ちました。

環境と生業がつながっていた伝統的な暮らしを捨てざるを得なかったのもまた、人間の所業の結果です。環境と経済と生存、生きる楽しさや多様さというものが共存するための道は、人類にとってまだまだ発展途上なのかもしれません。

（一六）若者と大人

学生が変わった？

地域現場で学ぶ教養科目「熊野フィールド体験」を先頃実施しました。これはフィールド体験学習を通じ、自然のすばらしさ、農林業や生活技術の重要性、地域資源活用の可能性について理解することが目的。データ収集法や数学的解析法の基本も講義するので、学生は数日間教員と寝起きを共にし、日中は現場調査、夜は座学と調査のまとめに励みます。

この合宿が始まってすぐ、毎年フィールドを提供してくれている北海道大学和歌山研究林の職員さんがおっしゃいました。「今年の学生さんは雰囲気が変わりましたね」。実は引率した和大の教員らも気づいていました。今年はなにか違う、と。

学生に教員の言葉が通じていない……。筆者も密かに悩んでいました。こんな柔（やわ）なことを言っては、教員としてどうか、とお叱りを受けそうですが、共同生活のルール、学習への積極的な関与などについて、こちらが期待するとおりには学生は動いてくれないことが目立ったのです。「学生は何も考えていない」と一刀両断する教員もいましたが、学生は学生なりの判断で動いているようでした。その行動が社会通念の中で受け入れられるか、そうでないかは別として。

今までの社会通念が「通じなくなった」兆候に、教職員ら大人が「学生が変わった」とショックを受けたのです。

大人の生き方

若者の行動を嘆く大人はいつの時代にもいました。昭和初期に熊野の町村長らの嘆きとして、「農村の清らかさ、静かさを若者は喜ばず、官能的な刺激と享楽のある都会に競って出て行く。だから農村は苦悩の底にうめく」（昭和三年、大阪朝日新聞）。また、明治初期に野球やテニスなどが日本に入って来たとき、「日本固有の肉体鍛錬的、精神修業的な運動を嫌い、気楽でハイカラな遊技を好むのはよくない」と苦言を呈する校長先生の言葉も記録に残っています。

最近では、安保関連法案に対する学生の行動が話題となりました。法案成立への手続きがおかしい、将来が不安だ、と声を上げた学生たちに対して評価がある一方、政策への対案がない、付和雷同的に気分で行動しているから危険だ、などの批判も見られました。それは大人に従わずに個々の価値観で動き始めた若者に対する戸惑いにも見えました。意見の相違を受容しがたい側は、時に嘆き、高圧的な批判に出ることが先の歴史の一コマからも推測できます。

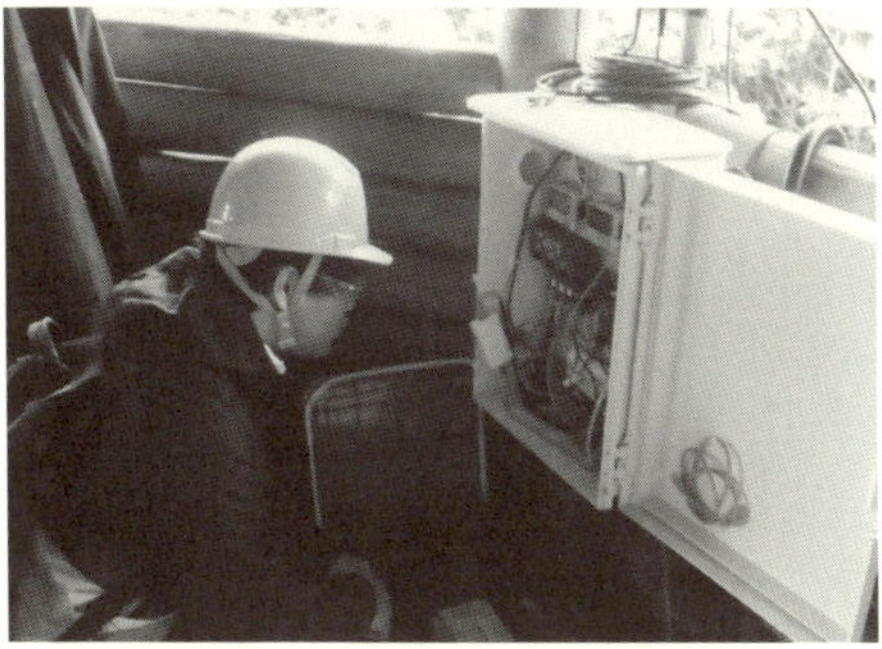

森林内ネットワークシステム（和大の研究）を学ぶ

林地内の道路整備授業

多くの学生が一時も離さないスマートフォンは検索すると即座に答えが出て来ます。ほとんど考えなくても良いシステムです。しかし提示されたモデルと異なる自分なりの判断を選択することはすごく難しい。そこでは教養や社会経験が試されるからです。

最近の議論の対象となった憲法第九条を抽象的だという意見がありますが、この高適な抽象性を一本の幹として、枝葉の部分を熟考し、意見を戦わせ、最適な方法を選択すること。それが教養の持つ力ではないでしょうか。

若者とコミュニケーションができないということは、むしろ大人の側に確固たる幹があやふやだからではないか。たとえ意見や思想が違っても、確固たる幹は相手の胸に響き、お互いの立場を尊敬できるはず。そこから若者と大人の議論が始まるのではないでしょうか。

若者がしっかりした幹を形成するための教育と同時に、大人もまた自分の姿をもう一度見直さなければ、と自戒しています。

（一七）電気の畑と未来

耕作放棄地

調査の途中で見事なはざかけに出会いました。十津川村の山深い渓谷に突然現れた美しい姿でした。農家の人の丹精込めた仕事がこんな山奥で活きていたのです。

しかし、最近よく見るのは、耕作されずに草がぼうぼうに生えてしまっている田畑の姿です。

「耕作放棄地」の本来の意味は、もう耕作する考えがない、という農家の自主申告に基づいた行政用語で、農家の意思を表しています。客観的に見て、「草刈りなどすればまだ耕作できるな」という土地も耕作放棄地であり、中には荒廃が進み、まるで森林のようになってしまい耕地として元に戻すのが困難な土地もあります。

耕作放棄地は全国で増え続け、今や、日本の農地面積のおよ

一面の稲穂

そ一割。しかもその半数が再生不能と判断されています。日本の農地は、昭和三〇年代以降、工場用地や道路、宅地開発のために減っていきましたが、現在の耕作放棄の最大の理由は高齢化と後継者不足です。高度経済成長期に子どもを都会に出し、その間田畑を守ってきた多くの親たちは、三〇年、四〇年の時を経てすっかり高齢となり農業を続けることが困難になってきたのです。農作物の価格の低迷も意欲の喪失に拍車をかけているようです。

発電畑のジレンマ

農業と農地の維持をどうするか、そんな農家の悩みに一種の朗報をもたらしたのが、ソーラー（太陽光）発電でした。二〇一一年の福島第一原発事故以後、自然エネルギーへの関心が高まり、太陽光発電の導入が国内で一気に進みました。再生可能エネルギーの固定価格買取制度（発電した電気を電力会社が一定の価格で買い取ってくれる）が追い風になったこともあり、制度発足からわずか一年半で原発六基分にも相当する太陽光発電設備が全国に完成したとの報告があり、太陽光バブルとも言われました。大規模なメガソーラーだけではなく、各地の農家、農地レベルでも太陽光発電の導入が急激に進んだのです。

和歌山県でも太陽光発電導入のための農地転用が盛んに行われました。高齢のため農業維持が難しく後継者もいない農家にとって、一〇年～二〇年は売電益が安定して手元に入ってくるため、老後の安心のために転用したとの理由もありました。現在青々と耕されている優良農地の発電地への転用も見られました。日当たりの良い米づくりの適地は太陽光発電の適地でもあるのです。

一方、牧歌的な農村風景に太陽光パネルは似合わないという意見や環境への影響を不安視する声もあります。太陽光発電はブームのように増えていますが、優良な農地を転用してソーラーパネルを導入し「電気畑」にしてしまうことは農業生産の維持や生産地保護、公益機能の喪失の面からも心配されます。

一面の太陽光発電

太陽や水など自然資源を活用したエネルギーへの転換は、環境面からも自給電力を確保する点でもこれからの大切な方向性です。しかし、たとえ法律の範囲内の設置であっても、農地、農業の公益機能や農業生産への影響を無視したまま増え続けるとしたら、いずれ大きな社会問題となるでしょう。

耕作放棄地への有効な対策が進まず、農業の維持も困難な状況の中で、生き延びるための方法のひとつが太陽光発電でした。多くのジレンマを抱えながらも当事者たちの選択肢の中で、農業を捨てる決断に踏み込んだのが現在の状況です。

しかし、豊かな稲穂の波がパネルの群落に変わっていくことに無念と違和感を持たずにはいられません。

（一八）田舎に向かう若者

地域おこし協力隊

大学でも行政でもメディアにも「地域」という言葉が氾濫しています。地域活性化、地域再生、地域おこし、地域創生など。地域とはおこしたり、創り直したりするものとして使われ、この意味では政策用語といえます。

最近注目される施策として地域おこし協力隊があります。地域おこし協力隊とは、一定期間地域に住民票を移し、地域おこしのための活動をする人を自治体が委嘱する制度で、最終目標は、概ね三年の活動終了後は地域に定住してもらうこと。外部人材の行動力と定住に期待する制度です。全国で一五〇〇人余りが活動をしており（平成二六年度）、その大半が二〇歳代、三〇歳代の若者。政府は、地方への人の流れを加速したいとして、今後五年間で隊員を四〇〇〇人にするとの方針を出しています。

学ぶ場所としての地域

この制度に対して筆者は少し批判的に見ていました。平均給与一〇数万円で、地域活性化という曖昧なミッションのもと、いわば限界集落の中に放り込まれ、過剰な成果を期待され、任期後の仕事は自助努力に委ねられ、その上その地に住み子どもを産んで人口を増やして欲しいとは、若者にかわいそうな施策ではないか、と。実際に隊員の本音として、役場の本気度がわからない、一年間草刈りだけで過ごして心が折れそうになった、ついには地区のおばあちゃんに「あんた、一六万円（給料）で人生捨てたらあかん」と言われてしまったなど不幸な事例も聞きました。

しかし、この制度を利用して積極的に田舎に入っていこうとする若者が増えているのです。

和歌山大学大学院で建築を専攻し農山村の住居を研究していた学生は、卒業後に調査地でもあった地区に隊員として応募。活性化イベントや地区のレストランの設計にも関わりました。また、他県で活動する隊員は東京の大学を卒業してすぐに山村の隊員に。「就職活動をしたがサラリーマンに共感できなく、日本の原風景の中で役立つ仕事をしたいという青い気持ちで飛び込んだ」と言っていました。彼は、村人が労働する姿から自然環境と生産との関連を学び、木材をも切り倒す人々の技術力と自給力の高さに感嘆し、でも若者にとって魅力ある仕事がないなと見抜き、仕事づくりとして地元野菜の集荷販売や行政区を超えた流域での連携事業に取り組んでいました。

自給のための燃料をつくる薪割り

田舎に入ってくる若者に対し、地元からは厳しい声も聞きました。若者は自分のこだわりに満足しているのではないか、わしらは食っていくために頑張って農業をしてきたんだ。もっと本気になれ、と。

先の元和大生は、一級建築士の資格取得のために都会の生活に戻り、元東京の大学生は、田舎生活に役立つスキルを身につけるために一度就職をしようと思うと語っていました。いずれも定住という行政の期待にはすぐには応えませんでした。が、むしろ良い選択ではないかとも思います。

彼らは田舎の優れた生活人の間近で活動をする中で、自分の未熟さを知り、さらに能力を高めるために飛び立って行ったのです。

田舎に移住した若者が焼く天然酵母のパン

田舎というのは若者を育てる機能を持っています。「都会の混雑ってなんかだるいな」という反動で田舎に来たとしても、地域に飛び込んできた若者をまずは受け入れることが大切でしょう。若者に「定住」という重い期待を背負わせるのではなく、若者の言動にノーを突きつけるのでもなく、むしろ地域おこし協力隊は日本の将来を担う若者育ての手段だとみるならば、とても優れたものであると期待できます。

（一九）農業が消える

ユズ収穫支援

今年もユズの収穫に学生とともに行ってきました。行き先は古座川町平井。今年は大豊作とのこと。七〇歳八〇歳を超えた生産者が黄色くたわわに実ったユズ山で嬉しい悲鳴を上げている様子を想い、「これは早く行かなくちゃ」と学生一九名を引率し、早朝の大学をマイクロバスで出発したのです。

ユズは一〇月半ばから一一月半ばが収穫のシーズンで、この期を逃すと良い果汁が絞れないため一カ月の短期決戦となります。学生が行ける土日のタイミングは少なく、今年は一一月一四日、一五日。あいにくの雨でしたが、学生たちは長靴、カッパ姿でいざ！ 高齢集落の収穫支援、と燃えていました。実際は学ぶことのほうがとても多い。そんなことを毎年実感します。

平井は、串本から国道三七一号線が古座川、さらに平井川に

和大のユズ収穫隊

沿って北上し大塔山系南麓の山塊に消える、そんな山奥の地区です。住民の共同出資で設立したユズ加工販売の古座川ゆず平井の里は、六次産業化や最近では地域創生の取り組みが、和歌山県での代表例となっています。しかし、和大の実態調査では高齢化率八六パーセント（二〇一二年）にもなっています。ゆず平井の里のがんばりの一方で、集落の高齢化はほぼ限界に来ているのです。

農業・農村の敗北

二〇一五年農林業センサスが発表されました。我が国の農林業・農山村の基本統計のことで、これによると農業就業者数は一九八五年から五年毎に約二〇パーセントずつ減少。二〇一五年の農業就業者人口は三〇年前の半数以下になりました。右肩下がりの就業人口に比べ、右肩上がりなのは就業者の平均年齢。今回調査では六六・三歳。一方、耕作放棄地面積も過去最大を記録しました。

高齢化、担い手難のためにやむなく耕作放棄に至らざるを得ないのはつらいことですが、農地保全が政策として掲げられる一方で、圃場整備され美しく広大な現役の農地が、突如として住宅用地に売りに出されるのも現実です。なんとかならんものか、もったいないなあ、と言った近隣の農家女性の顔が忘れられません。

「消費される農村」という視点が農村社会学の分野に登場して久しくなります。田舎ぐらしやグリーンツーリズムなど、都会の人が農村空間を「消費」するという考え方です。高度経済成長期には農村から多くの若者が都会に出て行きましたが、これを資本主義に農村の若者が消費された、とする論説もあります。「消費」されるだけで、再生産されてこなかったという分析ができます。そしてついに、農地までもが商品として売りに出されているのが現実です。

農地の保有は農業を営むことが「約束」だったのではないでしょうか。内部から瓦解し転げ落ちるような農業の放棄は、農業と農村の敗北と言わざるを得ません。いや、政治、英語で言えば「We」、私たちの敗北、です。

和大のユズ収穫隊。丁寧に収穫する

さて、和大のユズ収穫隊は雨の中で奮闘。農家の方とともに収穫を行いました。毎年希望者を募集しますが、リピーターが多く、一度来たら「はまる」ようです。帰りのバスには住民の方が、お土産にユズや手作りの木工品をどっさり持って駆けつけてくれました。その気持ちがとてもありがたい。

目立つことのない、華やかさもない、地味な学生活動ですが、彼らのうち何人かは、きっと来年も筆者と一緒にユズ山へと帰ってくるでしょう。

まだ敗北を認めない、諦めないユズ山に。それが学生をまたこの地へと惹きつける理由かもしれません。

(二〇) 米とパン

TPPと農業

TPP協定の交渉が一応の合意を見たとの報道がありました。TPP(環太平洋パートナーシップ)とは、日米豪など環太平洋地域一二カ国の経済協定のことで、関税の撤廃や引き下げにより貿易を盛んにし、経済を活性化しようというもの。世界全体の四割近くを占める巨大な経済圏になるといわれ、その成果について首相官邸は次のように発表しました。

「経済成長を促進し、雇用の創出及び維持を支援し、イノベーション、生産性及び競争力を向上させ、生活水準を高め、各国における貧困を削減し、透明性、良質なガバナンス及び強化された労働と環境の保護を促進する……」(TPP協定概要暫定版)。心配された農業面では、『守る農業』から『攻めの農業』に転換し、夢のある農業にする、とあります。

巨大な国際市場の中で、競争力を高め勝ち抜くことで、現在の多様な問題―雇用、貧困、生活不安などに打ち勝つ、と読めます。ビジネスの勝利は社会と生活の勝利でもある、という主張です。

米を追い抜いたパン

私たちの主食は「米」ですが、実は数年前から一世帯当たりの米とパンの年間支出額は数百円程度の差で拮抗していました。しかし、平成二六年度にはパンの年間支出額が四〇〇〇円の差をつけて米の支出額を上回りました。この調査は二人以上世帯が対象ですから、今や総世帯数の三割以上を占める単身家庭を含むと、実際はもっと多いと推定されます。店頭にあふれる多種多様なパンで空腹を満たすことは炊飯よりも簡便です。さらにパンに含まれる油脂や糖分には心身を興奮させる依存性があり、日本人は速攻で快楽をもたらすパン食の虜にされてしまった、ともいえます。

ごはんが大好きな学生

我が国の米の消費量は、この五〇年間、一貫して右肩下がりで減少し、現在の一人当たり消費量はピークだった年の約半分。反対に右肩上がりなのは肉の消費量です。最近の二〇年間では、米の需要は毎年八万トン程度減少、平成二七年度産主食用米の需要は七七〇万トンを切りました。一方、日本は、米に高い関税をかける代償に主食需要の約一割に相当する七七万トンの米を、毎年、無関税で輸入しています。今回のTPPでも米は聖域として関税をかける代わりに、さらに無関税の輸入枠が新設上乗せされました。米を取り巻く経済政策は複雑で簡単に分析できませんが、国産米は競争に勝ち残るために相当の「攻め」が必要です。安価な輸入米の過剰な流入と減少する米需要の中で、国内農業の体力と気力の限界が気になります。

かまど炊きに挑戦する学生

イノベーションと生産性向上が鼓舞される競争市場では、振り落とされる部分もあるでしょう。勝ちでも負けでもない農業の方向性はないものでしょうか。

最近、意外にも「下宿生活ではごはんを炊いている」と言う男子学生がいます。ごはんさえあれば満腹になる、一人暮らしの学生には経済的にも万能の食事なのです。筆者もそうですが、甘い菓子パンを嗜好するような消費生活の快楽に大部分の人がどっぷりと浸かってしまっています。しかし、じっくりと味わう「ごはん」の味がわかるのは日本人ならばこそ。消費者として、まずはごはんを炊こう、と自戒します。

競争社会における「勝負」へのもう一つの対応方法は、「じっくりと」味わう生活方式を取り戻すことではないでしょうか。そもそも過激な競争の土壌に乗ることとは「別の」方法、滋味ある「ごはん」のあり方についての方法論もあるはず。これは負け組の発想でしょうか。

（二一）電気の引き売り

市民共同発電

先日、市民共同発電に関する講演会に参加し、面白い言葉に出会い共感しました。「電気の引き売り」という言葉です。発言したのは、和歌山県での市民共同発電の先駆けである南紀自然エネルギーの安原さん。

市民共同発電は、市民が共同出資し、地域の自然エネルギー資源による環境に配慮した発電を行い、売電益を地域づくりに活用しようという取り組みです。

一方、引き売りとは路上での移動販売のことで、昔、天秤棒を担ぎ独特の呼び声やラッパなど鳴り物入りで食品や日用品を売り歩いたことに原形があります。納豆売り、豆腐売り、金魚売りなどは昭和の懐かしい趣がします。歌を流し馬車（後に自動車）でパンを売る「ロバのパン屋さん」もありました。近年でも「さおやーさおだけー」などの物干し竿の売り声（音声）は馴染みのあるところです。ラーメン屋さんの屋台も引き売りに入ります。

市民が共同で行う発電事業と昔ながらの引き売りには共通点があります。

串本が拠点の南紀自然エネルギーは、発電益を町内の子育て支援や商店街活性化、お年寄りのサポート、串本のサンゴの海を守る活動支援などまちづくりに還元するしくみです。また、紀の川農協のように、配当として地域の農産物や産品を届けることで地域農業を応援しようという市民共同発電もあります。

収益が約束されている発電事業では、資金は銀行で借り入れした方が手っ取り早い。なぜわざわざ市民出資を募る手間をかけるのでしょうか。

市民共同発電は、市民自らが地域の将来を作っていくプロセスそのものです。出資とはこのプロセスに参加し地域づくりの当事者になることに他なりません。

銀行に大金を借り、「はい、発電しました」と効率的に発電

農産物直売所

規模や収益を重視する取り組みとは目的が違うのです。

高度に発展した社会システムは、その形成過程で人と自然資源、人と人との直接的な関係を非効率の名のもとに排除してきました。現在、「自然資源の観光活用」が注目されていますが、これは資源の効率的利用です。自然との本来的な関係性は、その地に暮らす人間の日常や生存に結びつき、効率とは無縁の緩やかな営みの中にありました。非効率だからこそ維持、管理、運営のための仕事があり地場技術が発展しました。効率を追求すると先端的なスキルを持った大企業に頼らざるを得

ず、地域の仕事は衰退します。

市民共同発電は、人間と自然、環境、人との直接的で非効率な関係性をあえて取り戻そうとしているといえます。

食と電気は似ている

非効率な関係性の取り戻しは、食の安全性を求めた市民活動の系譜と似ています。

人気の農産物直売所もルーツは引き売りです。畑の野菜や果物を売り歩くことから、朝市や小さな直売活動など農家の自発的な販売活動へと進み、消費者も虫食いだらけの無農薬野菜を共同購入しながら産直生産農家を支えてきました。こうして安心安全を志向した有機農産物や産直活動は広く認知されていったのです。この間約三〇年の時が必要でした。

南紀自然エネルギー発電所

　引き売りとは、人が運ぶことができるだけの少量の商い、売り手と買い手が直接相対する関係、そこで成立する商売の基本は「信頼」です。「電気の引き売り」にもこの三点が共通するのです。
　食とエネルギーは、生存の根源であり、人間たる社会生活を守り維持するインフラです。安心できる命のインフラを残したい、半減期が数万年という核燃料に命を預けることへの本能的な怖れが市民発の「下からの」行動の原動力といえます。

「安全な電気要りませんか?」。この安全の意味はすごく大きい。数万年にもわたって毒を放つゴミを後世に残さない「安全」なのです。

(二二) 六次産業化を超える

ジャムばかり

「六次産業化はどこを向いてもジャムづくりばかり」と、ある行政担当者がこぼしました。筆者もほぼ同感です。

和歌山県には、ICTを活用した高品質みかん生産と加工で農林水産大臣賞を受賞した優良事例も存在しますが、先の言葉の本質は、国が進める六次産業化が一部を除いて、地元の果実を使ってジャムを作るような単純加工からなかなか進展しないことなのです。

農家女性らが地域の農産物を使った食品加工で小さな経済活動を始めたのが三〇年ほど前。それはむしろ地域づくりや社会参加の側面が強かったといえます。

しかし、現在の六次産業化は二〇一〇年に法律となり、国策として進められています。国民は飲食費に七六兆円（平成二三年）使っていますが、このうち八八パーセントが加工品や外食、流通を経た生鮮品への支出で、生産者である農林漁家の取り分は一二パーセント。そこで生産者自らが加工、流通販売を行い、この八八パーセント部分を取り戻し、食の自給率を高めようというのが六次産業化なのです。

政府は、今年度政策として六次産業化の市場規模を平成三二年度に一〇兆円とする目標を掲げ（平成二五年度市場規模四・七兆円）、農林漁家の所得増大や雇用拡大を図るとしました。しかし、肝心の農林水産業が、担い手の激減、高齢化、耕作放棄地の増加など多面楚歌ともいえる現状の中で、この目標は達成できるのでしょうか。

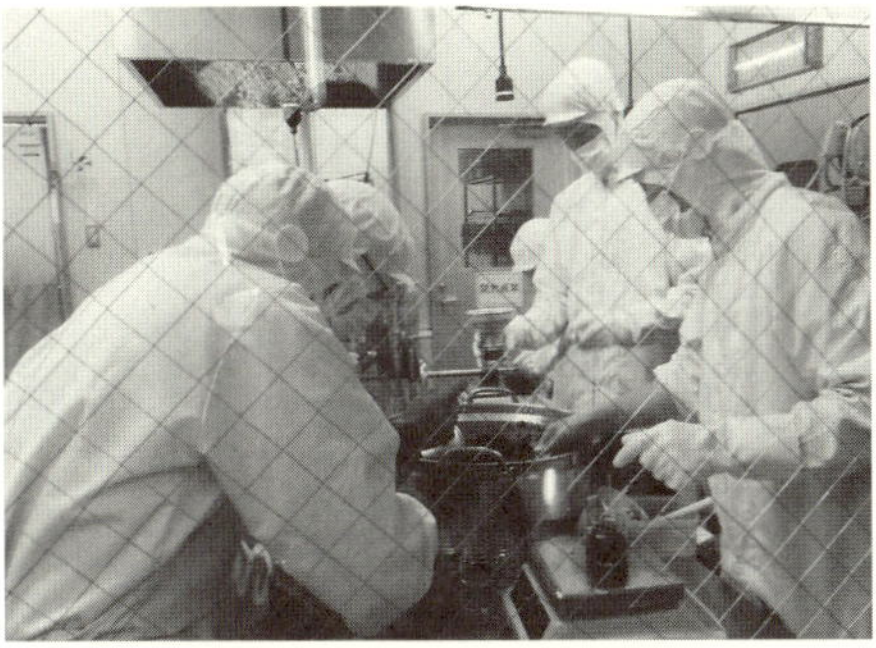

地域ぐるみで経営する食品加工場（古座川町）

地域づくりを取り込む

農水省が発表した六次産業化認定事業者数は二一三〇件、和歌山県は六二件で全国一一位（平成二八年一月現在）。内容の多くは、みかん、柿、桃、梅、山椒、野菜、味噌など地場特産品にスポットを当てた生産と、ジュース、アイスクリーム、ジャムなどの加工販売のため、食市場での差別化が厳しく、また単独事業者によるため利益を地域に再投資する地域内循環力が期待できないという傾向があります。単発の事業支援に終わり、地域振興につながりにくいのです。

全国的にも同様な傾向です。地域食材開発や観光展開などに工夫されるものの、生産、加工、販売という直球のコース以外の付加価値を見つけることができません。そんな中で社会的経済的便益を地域全体に還元するしくみを実現しているのが、筆者ら和歌山大学のプロジェクトと交友がある岐阜県山間の豪雪地帯、石徹白地区の事例です。

手づくり果実スイーツが人気（田辺市）

石徹白の六次産業化は、特産のトウモロコシの加工、販売です。ここまではよくある話。ユニークなのはまず地域に小水力発電を導入し、電力を休眠中だった農産物加工施設に供給することで事業を再開。発電設備の管理運用は住民が行い、低コストで安定的な電力を確保するとともに、女性たちによる新商品開発など主体的な活動が活発化、カフェの開店、若い定住者の増加へとつながっていきました。エネルギー自給と六次産業化が融合した事例として視察や域外ファンが押しかけるなど、好循環を生み出しています。

石徹白の特長は、目の前のトウモロコシにとらわれず、地域が域外の大資本に頼らず持続的に生き残る方法を探すことから出発したことです。

商品開発に頼る六次産業化を超え、生活の場所としての地域を残したいとの強い思いから、地域の財産である豊富な水という自然資源活用による農と暮らしの再建に、地域ぐるみで取り組んだ結果です。

地域が保有する知恵と情熱が、都会から若い定住者を呼び寄せています。これこそ、六次産業化の本来的な姿ではないでしょうか。

（二三）くすりがり

自然を狩る

「狩り」とは、狩猟や潮干狩り、まつたけ狩り、もみじ狩り、みかん狩りなど食糧調達に加え、季節を愛でる行為でもあり、人間と自然との密接な関わりを想わせる語です。

「薬猟（くすりがり）」とは薬草採集のことで、『日本書記』に推古一九年（六一一）、天皇が聖徳太子などを引き連れ大和の菟田（うだ＝現在の宇陀市）で薬猟をしたと初めて記され、翌年は近隣の現在の高取町でも薬猟を行っています。薬猟に猟の字を当てたのは薬効ある鹿の角なども採取したことと関係がありそうです。

王権の猟場だったこれらの地域は薬になる動植物が豊富で、推古以来、薬づくりの技術や大和の薬売りなど商いが発達し、有名な大手製薬会社が次々と設立されてきました。

ケシ採取（和歌山大学紀州経済史文化史研究所所蔵）

現在の宇陀市では、薬草を活かしたまちづくりを進めています。特に女性の健康に有用な漢方薬となるトウキを中心に、休耕地への栽培、栽培技術開発と研修、六次産業化など地域ぐるみで取り組んでいます。また薬猟ゆかりの地に古民家を改装した薬草カフェをオープンしています。訪ねてみました。薬草や地元野菜を活かしたメニューやお茶、デザートなど女性客にたいへん人気の様子でした。

薬草研究の里、和歌山

和歌山県は医療用薬草研究のメッカでもあります。世界初の全身麻酔手術を成功させた華岡清洲は旧那賀郡の外科医で、彼が開発した麻酔薬の原料「まんだらげ（チョウセンアサガオ）」は和歌山県立医大の校章にもなっています。

日高郡の旧川辺町には官営の薬用植物試験場が一九三九年から二〇一二年まで開設されていました。途中で隣接する小学校の廃校を機に校舎を研究所とし、閉鎖後に訪れた際には校舎の面影が残る建物に「独立行政法人 医薬基盤研究所 薬用植物資源研究センター 和歌山試験場」の看板が残されていました。

また、大正初期から戦後しばらくまで、和歌山県は医療用ケシの一大産地でした。ケシは痛みの緩和医療に欠かせないモルヒネの原料のため、現在では国の厳しい管理下にありますが、かつて日高郡から有田郡にかけての村々では盛んに栽培され、昭和初期の最盛期には大阪府と和歌山県で全国生産額の九八パーセントを占めたと記録にあります。開花期の初夏には紀勢線の窓から一面に白く美しいケシの花畑が続くのが見えたというほど。農家の副業として貴重な生産物であり、力仕事ではないため女性や子どもの仕事で、農繁期には学校が休業になる「ケシ休み」があったとのことです。

チョウセンアサガオ（国会デジタルコレクション）

紀州の薬用植物としては、有田川町清水地区特産の山椒や紀の川流域の遺伝資源である紀州赤紫蘇などがあり、産地化に取り組んでいる紀の川市鞆渕地区の黒豆や日高川町の真妻わさび、豊富な果樹なども薬効が期待できそうです。

地域資源の掘り起こしでは、単一企業の商品開発やピンポイントのブランド化で売り出そうとなりがちですが、地域ブランドは全国に過剰気味。ブランド化をするなら現物よりもむしろ地域の過去を見ることです。

ある特定の空間に生まれた植物と人間との関係を歴史という長い時間軸を遡ることで再発見できます。そうすることで乱発される地域ブランドにはない重厚な地域の物語が生まれるのではないでしょうか。

推古天皇は女性初の天皇でした。先の薬草カフェで窓外に広がる万葉の野を眺め身体に優しい料理をいただいていると、ふいに彼女が野に立ち現れるようで、薬草が繋ぐ一四〇〇年の歴史を身近に感じたのでした。

(二四) 地方の消滅と創生

地域が見えない

昭和時代を通して日本全国をフィールド調査し、膨大な著書と名言を残した民俗学者の宮本常一は、村をよくするには自分の住む村の土地と資源を見つめよ、と語っています。

昭和三〇年当時、全国の市町村の八割以上が村でした。昭和の大合併で市町村は三分の一程度となりますが、町村には一校の中学校が設立され、風土に根ざした村の面影をまだ引き継いでいたと思います。しかし平成の大合併後、村の個性はエリアの広くなった都市名の下に見えにくくなりました。

面白い分析があります。地域振興モデルとして国が示す優良事例は、国から県、市町村へと事例照会の過程ですでに補助金をもらい目立っている取り組みになりがちとのこと。優良事例となるとシンポジウムなどで発表の機会もあるし、さらに新たな補助金に恵まれる傾向にあるというのです。その結果、補助金をもらわず、地道に地域づくりに取り組む事例は表に見えにくいのです。

今、自治体では「地方創生」に取り組んでいます。若い世代が仕事を確保し安心して子を産み育てられる地域社会をつくるための戦略を立て、これに基づく事業や施策に対し、国が手厚い財政支援をしようというもの。見えにくい地域の実情は果たして反映されるのでしょうか。一過性のカンフル剤にならないためにも、かつての村が持っていた地域の個性をじっくりと調べたきめ細かい計画を期待したいものです。

村は今日も元気だ

新しい生き方

日本の総人口は近年急激に減少を続け、一〇〇年後には明治末の人口規模になると見込まれています。また、地方に子を産む可能性がある若い女性が減少し、三〇年後には全国市町村の約半数が消滅するという人口シミュレーションが地方創生会議から発表され、各方面に衝撃を与えました。和歌山県では、和歌山市、岩出市、御坊市、広川町、日高町、白浜町、上富田町以外の二三市町村が消滅可能性ありとされたのです。こうした背景から、地方の人口増が地方創生戦略の重要な目的となっています。

廃校資源を活かした交流施設（古座川町）

この半世紀、地域の発展の指標は人口の増減でした。和歌山県でも多くの地域戦略に移住促進が掲げられているはずです。田舎に移住した若者に出会うことが増えましたが、人口増大を期待できるほどのスケールにはありません。しかも自己裁量できる生き方を選んできた彼らに、地域に入った途端に地域の未来に対する重い期待を押しつけるのは酷です。

しかし、新しい生き方を求めてきた彼らとは協働できるはずです。地域の新しい生き方とは、拡大路線とは別の方向性。たとえば昔の村、今の大字単位では、広い空間に少ない人口で資源の分配も多くなり、逆に豊かな生活を送ることができるとも考えられます。

地域資源を活用した産業や生業によって、経済と労働が地域内部で循環するような地域社会の方向性が、内発的発展論として一九八〇年代に登場しましたが、拡大経済の中では普及しませんでした。しかし、地域の消滅を止めるのはやはり内発的発展論の具体化ではないかと考えます。具体化のためには、お上の保護から一線を画す覚悟も必要かもしれません。

内発的発展論の先駆的論者である経済学者、宮本憲一は書いています。

「中央依存していくかぎり村は自然死していく。「たかり根性」をやめ、内発的発展をすることが農村改革である」。地域を見続けた二人の宮本博士の慧眼に共感します。

（二五）ふたりの涙

現地授業

産まれてすぐに大きな泣き声をあげる赤ちゃんに涙は出ていないそうです。涙は悲しさや悔しさ、嬉しさなど「心の動き」と連動しているので、涙が出るには人としての成長の積み重ねがいるのです。

先頃終了した集中講義でふたつの涙を見ました。

この授業は、古座川町の北海道大学研究林宿舎にお世話になり合宿形式で行うもの。古座川町は山村資源、観光資源が豊富ながら過疎高齢地でもあり現在の地方の姿を象徴的に表す、いわば調査学習の「宝庫」。三人の担当教員のテーマ毎に六、七名のチームに分かれ、古座川町内を踏査することで調査手法やデータ解析法を学ぶことが目的です。

筆者のチームは平井区の住民インタビュー調査。平井区は人口減少が進む高齢山村で、このような地域は限界集落などと言われます。しかし本当なのでしょうか。筆者は何度も平井集落調査を行っていますが、規則正しい仕事や生活習慣、地区の諸事への協働など活動的な姿も見えます。十把ひとからげに物事をとらえず、実際の姿に触れ、見て、調べ、考えよう、というのが今回のテーマ。二、三人一組で協力者である六五歳から七八歳の住民の方から個人史を聞き取り、背景となる地域社会の構造を分析しようというものです。

人生を聞くインタビュー

スポンジのような感性

語り手らの父親の仕事は炭焼き職人や物資を牛車で運ぶ運搬業でした。古座川町は古くより炭の大産地。江戸や上方のエネルギーを支えてきました。語り手の方々も幼い頃から山仕事を手伝い暮らしましたが、学校を卒業する頃の一九六〇年代、製炭業の終焉とともに彼らは町に就職するか、新しい仕事を自分で築いていかねばなりませんでした。同時に遊びや獲物収穫の宝庫であった山川は利用されず、人々の関心から薄れていきました。世の中の変化と人生が重なり合っていました。語り手たちの話は尽きず、学生らは必死にノートをとり彼らの人生に食らいついていました。

この授業はハードです。最終日に発表会があり、徹夜も厭わずデータ整理とまとめをしなければなりません。さて涙ですが、あるチームリーダーが発表直前までまとめに苦しみました。複数の語り手の記録を横断的に分析することができなかったのです。その後彼は「できなかった自分が悔しい」と言って泣きました。「先生はなぜ分かるのか」と。

圧倒的な人生経験に触れ彼の頭の中はデータで満杯だったはず。今はできなくてもよい。悔しさは今後「調査」という広野に立ち向かっていくためのバネになるに違いありません。

街道の歴史と暮らしを聞く

最終日、語り手の一人が聞き手の学生に会いに来てくれ、別れのときに一年生の女子学生と七五歳の彼は手を取り合って泣いたのです。彼は「孫のようだ」と。女子学生にとっては、スポンジのような若い感性が彼の人生の森に導かれ、自分を認めてもらった涙だったのでしょうか。

学生の涙に心を揺さぶられました。人としての成長の証（あかし）に心を打たれたのです。田舎には人情があると言うけれど、そうとはかぎらない。都会にだって田舎にだって人情はあったりなかったりします。しかし、広い空間とゆったりとした時間を持つ田舎の環境が、感性を高め人の心を熟成させるのでしょう。集中した学習機会がもたらした涙でした。

（二六）廃村リノベーション

旧紀和町和田

日本で唯一の飛び地の村、北山村は和歌山県なのに和歌山県に接することなく、奈良県と三重県に接しています。北山村と三重県熊野市の県境は蛇行する北山川で、対岸の二つの村の人は川を越えて助け合いながら仕事や教育を行ってきました。

紀伊半島の村々を訪ねて廃校調査を続けています。二〇一五年には和歌山大学の中島敦司先生との共著で『熊野の廃校』を出版。和歌山県内と奈良県、三重県の一部を含め廃校踏査数は二二〇〇を超えました。現役小中学校数の約六倍です。現役校はそれだけのルーツ校を持っているのです。

北山村の南端にある小松地区と三重県の旧紀和町和田地区は、北山川を挟んで向かい合っています。集落間の距離は約一キロという近さ。小松地区は東西南の三面を北山川で囲まれ北方は山に連なるという地形のため、田畑は対岸の三重県の方に持ち耕作に通っていました。明治時代に両地区は共同で小松に学校を設立。名称を双方の頭文字から小和小学校と称し、和田地区の子どもは対岸の小松に通っていました。

学校の設立場所は、各地域で集落間のプライドをかけた争いになり、「もめごと」の記録が多く残っています。和田地区が属していた当時の西山村でも小松からの分離独立問題が起こり、大正一一年、和田地区は無認可のまま集落内に学校を新築し授業を開始。その後ようやく認可され正式に開校に至ります。

山奥の宝

「我が村の学校」を無認可のまま建設してしまった和田地区とはどんな所でしょうか。和田の集落は、今は住む人もなく北山川沿いの山の斜面の杉林に埋もれていました。数百メートルの範囲に形成された小集落で、林業や北山川での材木の筏流しを主な生業としていたようです。杉林の中には廃屋が数カ所あり、風呂桶や茶碗など生活の痕跡が残されていました。学校跡は集落の一段と高い場所に発見できました。幅広の石段を持つ立派な石積みの上に平地が残り、「和田小学校跡地」の石碑がありました。

和田小学校跡地

和田は山の斜面の小集落ですが、見事な石垣や石段を見ると、先人の「村づくり」「学校づくり」への強い意識がわかります。山を切り拓き、石と土との格闘の成果が、頑丈な構築物として幾多の災害にも負けず残ってきたのです。

和田小学校は、児童数減少のため昭和三九年に廃校。廃校からまもなく集落も閉じたようです。高度経済成長期が始まっていました。

現在、全国的に空き家が問題となっており、有効活用のためのリノベーションが話題となっています。しかし、人口が減っているのに新築住宅が建設され続けているという矛盾の中ではなかなか進みません。家も、住宅開発のために崩された山や田も、結果的に使い捨てされながら、高度経済成長を経た五〇年は曲がり角にきています。

半世紀の間、先人の汗と知恵の結晶である堅牢な村の礎は沈黙のままに杉林の中に残されていました。その石垣と拓いた平

集落跡

地はまだ使える、このまま土に埋もれさせるには惜しい山奥の「宝」です。

人が捨ててもなおしぶとい生命力を放つ、土地に根ざした暮らしの痕跡。このたくましい村づくりの遺産を現在に活かし再建する、廃村リノベーションにも目を向けることはできないものでしょうか。

（二七）「谷」を活かすフードバレー

産業のメッカ

天空の棚田（那智勝浦町色川）

霞ヶ関でのある委員会に出席しました。筆者が関わる産学連携の分野では、国の科学技術計画に沿って、その時々のキーワードが出ます。そのひとつが「バレー」。Valley ＝谷という言葉です。

産学連携とは、大学の研究と産業界が連携して新事業を生みだし社会発展に寄与しようというもの。二〇〇〇年当時の日本では「シリコンバレー」が産学連携のお手本でした。シリコンバレーとはアメリカ西海岸のサンフランシスコ湾岸に細長く広がる一帯のことで、元々はプルーンなどの果樹園が広がるエリアでした。ここにヒューレット・パッカード、インテル、アップル、グーグルなど世界的な企業をはじめ、半導体、ＩＴ、コンピュータ関連企業など一万二〇〇〇社に複数の大学が集積。新事業や起業家をどんどん生み出す産学連携のモデルとなったのです。

そして今回、日本の農業が見習う方法とされたのが、オランダの「フードバレー」です。オランダは九州と同じくらいの国土面積ですが、農業輸出額は日本の約三〇倍で世界第二位の農産物輸出大国。ワーヘニンゲン大学を中心に一五〇〇以上の研究機関や企業が集積し、農家の生産から加工、サービスまでの戦略的な一環体制で国際力強化を展開。農家収入も増え、植物を活用した自然エネルギーの開発など、経済と環境と社会の持続を目的とした多様な取り組みが行われています。

ふたつの事例から、バレー＝谷とは集積の地、と理解できます。バレーでは、大学の基礎研究、企業の技術開発、企業集積による異分野との連携、起業家を生む挑戦的、投資的な土壌などが好循環を形成し、世界の産業を牽引するメッカとなっているのです。

こうした産学連携の話は、経済と産業の成長神話の道といえます。経済と産業は常に成長することで幸福をもたらすという道です。

谷を越える方法

「死の谷」という言葉もあります。研究開発の成果を製品化できず、深い谷底に死なせてしまう状況をいいます。死の谷を越えるには、ケタ違いに大きい投資や新たなパートナーが必要なのです。

死の谷の越え方には、もう一つの道があります。日本の農業の重点方向とされるフードバレー方式ですが、現実の多くの農業農村では「深い谷」を面前にして戸惑っています。日本は平地が少なく耕地面積の四割が傾斜の多い中山間地のため、オランダのような農地の集約化には限界があります。山肌に、天空に至るほどの棚田や段々畑を切り拓き、古来、人間の知恵と肉体労働に頼りながら農業を営んできました。

伝統的梅生産。一方で高機能性ウメ品種開発も行われている

谷間の棚田は技術の宝庫です。水の循環を緻密に計算した知恵と労働の結晶です。経済と生活と環境の持続には見直したいバレーです。このバレーに広がる資産を過去の遺物としてではなく、アグリフードのヒトと技術が集積するメッカにできないだろうか。ICT（情報通信技術）や自然エネルギー、土木、育苗、生産者、消費者、金融などが集まる小さなメッカがあちこちにできないものか。放棄されつつある土地の本来の力を活かした発展の方向性は未来への投資として魅力的なはず。日本の風土では、小さなメッカの集積が「死の谷」を越えるもうひとつの方法論ではないか……。産業創出を議論する霞ヶ関の会議場で、そんなことを考えていました。

（二八）ゴジラと人間

風力発電

高速道路を走り、広川町にさしかかると山上に緩やかに回る白い風車の列が現れます。有田川と日高川の間を東西に延びる白馬山脈の尾根に沿って何十基も空に向かって立っています。ここは年間を通じて強い風が吹く風車の適地なのです。

風力発電は自然エネルギーの代表選手。自然エネルギーとは、風の力や水の力、太陽光、動植物など自然から作るエネルギーのこと。石油や石炭のように枯渇することなく、どこにでもあり、使用しても速やかに補填充足される、CO2を排出しないなどの利点があります。

和歌山県は県土の四分の三が森林であり、日射量も降水量も多く自然資源による発電の可能性がとても高い県なのです。

同様にCO2を排出せず大量の電気を安定的に作るとされる原子力発電は、強い放射性廃棄物である使用済み核燃料が溜まり続けます。ひとたび事故が起これば、先の福島原発事故のように取り返しのつかない環境破壊と人命への深刻な影響があるため、世界では脱原発を掲げ自然エネルギーが政策の中心になってきています。

風力発電は世界ですでに原発に匹敵するほどの発電量を持つほどに広がっていますが、狭い国土の日本ではメリットもあればデメリットもあります。

熊野古道を抱く美しい緑の稜線に巨大な人口構造物が並ぶのは景観的にどうでしょうか？　鳥が羽に巻き込まれたり、モーター音や耳には聞こえない低周波音による健康被害も報告されています。

眠れるゴジラ

風車の近くの山道や集落を行くと、その巨大さを実感します。そのようなとき、風車が並ぶ山の端から、バババッ、バババッというテーマソングと共に大きなゴジラが現れるような気がします。筆者の潜在意識なのですが、子どもの時に観た映画の不穏な怖れを思い出すのかもしれません。

『ゴジラ』は怪獣映画の先駆けでシリーズとなった人気映画。初期の設定は、太古以来海底奥深くに潜っていたゴジラが人間の水爆実験による放射能の影響で巨大化して蘇り、首都東京を破壊し尽くすという物語。長い時代を棲み分けていたゴジラと人間の均衡が破れたための破壊劇、と解釈できます。

海の底で静かに棲息していたゴジラは、人間の「良識」だったのではないでしょうか。

山上の風車

科学と生活との共存へ

科学技術にはさまざまな恩恵をもたらしてくれる「光」の側面と、これに伴う「影」の側面があります。資源の大量消費による莫大な廃棄物、地球温暖化、原発問題、発展途上国との経済格差、世界の紛争なども科学技術と経済の進歩に起因した「影」といえます。この光と影のバランスが崩れた時、南海の奥底からゴジラが覚醒したのです。これを科学技術の暴走ともいいます。

人間活動に不可避なエネルギーに、化石燃料、原子力、再生可能エネルギーのどれを選択するかの悩みは、経済と生命の選択における葛藤ともいえます。人類はこのジレンマの中で、ついにFUKUSHIMAを迎えたのです。

光も影も自ら引き受けて、自分たちでエネルギーを作ろうという市民参加型発電もじわじわ増えています。経済と環境と生存との際どいバランスが問われている現在、ゴジラではなく当事者としての市民の「良識」こそが覚醒しなければと思います。

（二九）玉ねぎ畑再生

粉河町北長田地区

紀の川市旧粉河町北長田地区の水源である桜池は、江戸初期に幕府直営で築造された由緒あるため池。工事のために紀北、紀中から集められた人足は三年間で四二万人余という大事業でした。周辺にも相次いでため池が作られ、現在和歌山県内には五〇〇〇以上のため池が存在します。それが紀の川筋に集中し、桜池は歴史の古さも貯水量もトップクラス。和歌山の穀倉地帯と誇るほどに発達した紀の川平野の農業を支えてきた重要な水源です。

こうした農業生産のための開拓史を持つ北長田地区ですが、高齢化のため農業の存続が危機的な状況です。今や全国の耕作放棄地は耕地面積の一〇パーセントにもなり年々増加。農業ばなれが止まりません。また、ほとんど手がかけられていない田畑もあります。このような遊休農地は急いで手を打たないと高

パイプハウスの基礎を掘り出す

い確率で耕作放棄地となっていきます。

北長田地域資源保全会は、高齢化のため維持が困難になったため池や水路、農地の保全や若手就農者の育成に取り組んでいます。北長田集落は現在六九戸。そのほとんどが「農家」とはいえ、農家構成の実態は七〇~八〇歳代がほとんど。集落の農地は三〇ヘクタール。ここに五人の若手専業農家がいれば農業が維持できる見込みで、その「難問」解決のためのしくみづくりに取り組んでいるのです。

そのひとつが遊休農地の再生。先日、保全会が取り組む農地再生現場で、筆者が担当する農業実習の授業を行いました。

玉ねぎ畑に再生

現場は元パイプハウスでイチゴ生産をしていた二反ほどの農地。周辺には特産の柿畑があり、このまま放棄されるには惜しい空間です。農地として甦るには人工物を取り除き土を整備、その後、田植え時期に水を引き代掻き、夏場に乾かし、肥料まき、畝立て、晩秋に定植、来年の五月頃から収穫とのこと。

学生らは保全会の取り組みを座学で学んだ後、雨上がりでぬかるんだ農地に入り、ハウスを撤去後のビニールや金属、コンクリート片などの細かい資材の残骸拾いや水路の溝さらえなど、地味な作業に泥まみれになりながら励みました。

紀の川平野は全国でも有数の玉ねぎの産地でした。かつては海外輸出を試みたり、出荷拠点の岩出駅が玉ねぎで満杯になり、貨車が足りない状態になったとの記録もあります。筆者にも平野のあちこちに点在した玉ねぎ小屋の風景が原風景のように今も記憶に残っています。

伝統ある玉ねぎ生産は海外産の輸入や高齢化のために縮小しましたが、この再生事業では価格競争に巻き込まれない有機玉ねぎを新規就農者らが生産することで活路を開きます。

この日、二〇人の学生らはひたすら泥やゴミと格闘。農業はきれいごとではないことを実感しました。そして、農地の隅に生え残っていた大根を引き抜くと泥のまま噛り「あまーい、おいしい」と叫びました。一日の格闘の中で農作業の汚さ、重さ、つらさ、理不尽さ、そしてみずみずしい美味しさを味わったのです。

荒れた農地の整備

現在の農業問題は、現状を憂う論者ばかりが多くなり、農業の当事者になろうとしないことにあります。学生がかり出されることの多い収穫体験や商品開発は農業の見かけにすぎず、華やかな果実になるまでの下ごしらえの苦労こそが当事者の原点です。

この授業は夏まで続きます。学生が社会に出て、消費の側や政策の側からでも農業の「当事者」になるための始めの一歩を提供する実習でありたいと考えています。

（三〇）和歌山からの緑化技術

法面緑化

道路脇の斜面にへばりついて作業をしているのは和大生と地元の建設会社の技術者。和大と企業との法面（のりめん）緑化に関する共同研究の一コマです。

災害後の崩落現場などで法面が頑強なコンクリートで覆われている「山の痛々しい姿」をよく見ます。この姿を植物で覆うのが法面緑化。共同研究では、地域由来の植物による法面緑化ノウハウの確立に取り組んでいます。

地域の植物を植え込むには何が問題なのでしょうか？　経済と環境の両立は、お金と人々の多様な価値観がからむためにとても難しい。この難問に挑戦し、いわば人間社会と自然界との関係性を再生しようというのがこの共同研究なのです。

高度経済成長期に国土のあちこちで道路や宅地が開発され、山を掘削するなどで法面も大量に生まれました。この頃、「木と草によって早期・確実に、面的・立体的緑化を行い、環境・土地、景観保全を図る工法」（日本緑化工学会ＨＰ）として緑化工という言葉が生まれました。そこで導入されたのが時期を問わず発芽し繁殖力が旺盛で安価な外来種の牧草でした。

外来種による緑化は、経済成長期におけるグローバル経済の中で主流となりました。この実験の共同研究者である和大の中島教授は三〇年前の学生時代、牧草が研究テーマでしたが「外来の牧草が周辺に悪影響を与えるとは聞いたことがなかった」と言います。大量、画一化による効率が優先された時代だったのです。

ローカルからの挑戦

ところが牧草は家畜の飼料ですから、シカも大好物。シカを餌付けしているようなものです。シカに食い荒らされた法面は崩れやすく、また外来種に在来種が棲息場所を奪われてしまう生態系への影響も出てきました。

そこで今回注目したのが在来種のススキの導入です。ススキはシカが嫌う植物。野生動物が食べないから野山に繁茂しているといえます。しかしススキの導入にも課題があります。

労務費などコストの問題で、地元に生えている地域性種子は工事に即応して大量に調達することができません。また発芽に適した播種期と工事施工のタイミングが多くの場合一致しません。そこで、施行後に播種でき、かつ貴重な地域の種子を効率よく発芽させ、さらには社会が容認する範囲内のコストに抑える緑化工の開発に取り組んでいるのです。

地元企業との法面緑化共同実験

チームには日本を代表する緑化工技師も参加しています。彼は言います。「和歌山の種子で和歌山の生態系保全に貢献し獣害や災害からも守る技術を開発する」、そして「和歌山モデルを他県にも応用したい」と。

生態系保全と防災上必要な法面緑化の両立は、従来の経済システムでは実現が困難でした。公共工事では迅速、安価な方法が選ばれてきたからです。地域生態系に配慮した緑化工の和歌山モデルは、おそらく全国の役所のモデルになるでしょう。「公」の視点の転換は、グローバルな経済に翻弄されないローカルな視点から始まります。

目先の予算より僕らは後世への責任があるんだ、そんな意気込みで地道な研究に取り組む企業さん。斜面にへばりつき、土や種子と格闘し地元の技術者が活躍する姿が「かっこいい」。夢のある仕事ではないか、と思った一日でした。

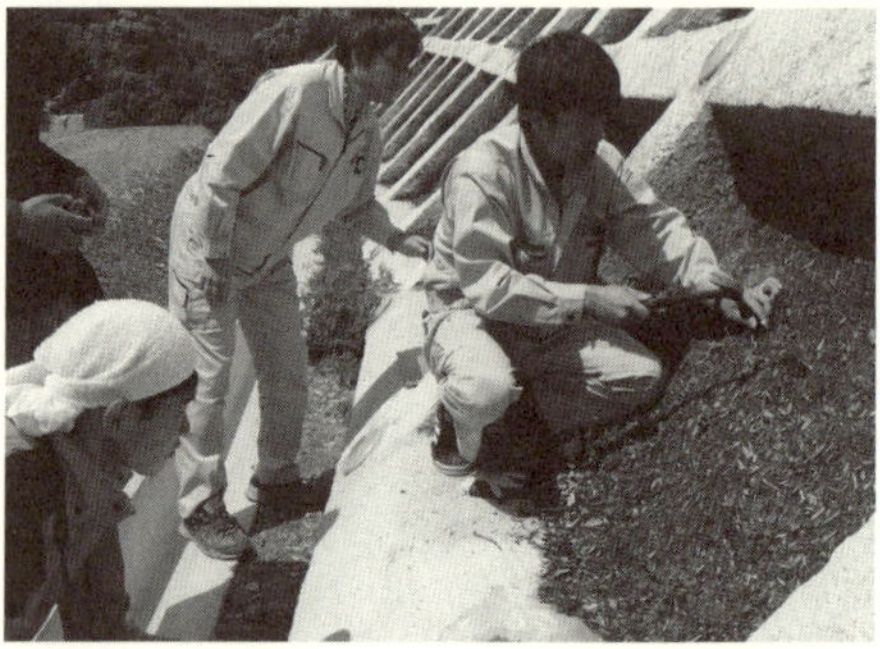
地域性種子を播く

（三一）ブリの豊漁

新制中学校

学生の森林保全実習

那智勝浦町宇久井港は、熊野灘に面した沿岸に仕掛けた大敷網で有名です。大敷網からは活きの良い魚が短時間で食卓に上がり、漁師町では「大敷に揚がった魚しか食べない」との声をよく聞きます。贅沢な話です。

宇久井港では大敷網から天然の寒ブリが大量に水揚げされます。地元では「ブリで中学校が建ったんや」という話を聞くことがあり、産地の誇張された話かなと半信半疑でもあったのですが、最近これを裏づける資料を読みました。昭和二三年二月一三日の朝日新聞の記事にはこうあります。

「東牟婁郡宇久井村の大敷網は昨年十一月末投網以来大漁続きで、一月中にすでに七百万円をあげ、（二月）九日午後二時さらに二貫余のブリが七千尾も入り、村民総がかりでも揚げきれず、翌日、大漁でごった返している矢先、また二千尾も引きかかるという有様で同海岸はブリで埋まった」（要約）。

このときの水揚げは六百万円とのことで、新制中学校の建設費二百万円余はこの水揚げから充当できたとあります。

新制中学校は学制改革により昭和二二年から設置され、県内では一九五校がこの年の五月三日に一斉に開校。しかし、戦後間もない頃のため国庫補助金も少なく、ほとんどの学校は校舎が準備できず、小学校に間借りしたり、机も椅子もなく床に座って授業を受けたりと建設資金に困窮していました。

そんな時代背景での宇久井村の話は、大敷網がもたらした大漁に湧く漁村の豊かさ、収益を新制中学校の建設費に充てようと決めた「わが村の教育」への村民の熱い息吹や太っ腹を想像させます。自然の恵みと生活、子の教育が直接的に結びついていた時代への憧憬すら感じます。

地域のための大学

現在、全国の自治体が取り組む地方創生戦略の二大命題は、人口減を食い止めること、活力を取り戻すこと。地方に若者が少なくなり、それゆえの活力の停滞傾向がいよいよ深刻化してきたのが今。国は地方創生の基本方針で、この四〇年の負の側面の解決を、地方大学の教育研究現場に託しています。

このため多くの地方大学は、地域産業への貢献や学生の地方への就業、定住を促進するというダイレクトな目標を掲げた取り組みを開始しています。

政策の枠組みとは別に、和大の教員らは地域フィールドでの実習授業や地域と協働した研究プロジェクトを行ってきています。その中で地方大学として大切なことは「地域を当事者として見ることができる若者」の輩出だとわかりました。

よそごとではなく、当事者として地域を実感し、未来の希望を自力で見つける力を養わないかぎり、地域における若者の空白は埋めることができません。その力のない若者が、そこに住み働くという人生を賭ける決心ができるでしょうか。

宇久井漁港

当事者とは、ミクロな虫の目で複眼的に地域を見て、さらに上空から社会全体を俯瞰し、空の向こうの未来を構想する鳥の目を持ち、そして実際の行為者となる人のことです。

かつての宇久井の浜で繰り広げられた、自然と生活と未来への希望である教育が密接に関わっていた時代が持っていた生の実感。これを取り戻し、地域に関わる生活人を輩出することが、地方創生の第一歩であり最終的な目的であると理解しています。

（三三）かっこいい「水」

ペットボトル

五〇〇ミリリットルのペットボトル五本からワイシャツ一枚が作られるそうです。意外な組み合わせですが、ペットボトルの再生技術はどんどん進歩しています。

ペットボトルが日本に登場したのは今から四〇年前、お醤油の容器でした。その後一リットル以上の飲料用にも使用され、一九九六年にはそれまで自主規制されていた五〇〇ミリリットルの小型飲料ボトルの生産が解禁。そうなると気楽にどこでも飲料を飲むようになり消費もゴミも増える、ペットボトルの原料は石油など地下資源のためゴミ問題、環境問題にとって取り返しのつかないことになる、と世論を賑わせたものです。分別回収や再生を促進するリサイクル法が施行されるのは翌年の一九九七年でした。解禁とともに「水を買って飲む」行為も出て来まし

今も地区の飲み水となっている山の天然水（古座川町）

た。健康的でナチュラルなイメージで、ミネラルウォーターのボトルを持ち歩く女性の姿が新しくおしゃれでした。

この二〇年間、ペットボトル飲料は増殖し続け、とうとう急須に替わって食卓の上にまで当たり前に置かれるようになり、水道水を生でごくごく飲む姿はほとんど見かけなくなってしまいました。

かっこいい環境問題

現在、世界で販売されるミネラルウォーターは数千種。日本でも一〇〇〇種以上が流通しているといわれます。当然そこには激しいマーケティング競争が存在します。

最近のヒット商品といわれるのが、力を入れなくてもペットボトルをクチャクチャと握りつぶすことができるタイプ。従来になかった超軽量ペットボトルを実現した技術力と、環境に優しいイメージが成功要因でした。商品名も自然志向の生活であるロハスをイメージさせるものになっています。クチャクチャという小気味よい音と感触がかっこよく、健康や環境問題に参加している気分にさせたともいえます。

紀ノ川農協は安心安全の農産物の産直を行う販売農協ですが、最近の課題は食の安全安心を「直球で」訴えるだけでは若い層になかなか広まらない、食や環境への理解の浸透に限界を感じているとのことでした。

食や環境問題への危機感が家庭にまで及ぶようになったのは七〇年代後期。その頃に起こった安全な食を求める産直運動は、多分に理念や個人のこだわりで広まりました。

化学肥料や農薬を使用しない有機農業の草創期だったため、虫食いだらけの野菜や固く酸っぱい果実など、それは自分のこだわり、思想ですから何の迷いもなく購入して食べたものです。しかし、四〇年の時を経て、一方ではペットボトルが驚異的に広がり、一方で、農産物直売所の隆盛はあるものの、食や環境への認識は、未だに「特殊」の壁を超えていないといえます。

ペットボトルと環境や経済問題との収支については、評価も多様でまだ議論が必要ですが、超軽量ペットボトルから環境が意識せず身近になったことは事実です。いや、そんなことよりも、まずは買うのを控えようよ、あるいは産直トマトをトレイなしで買おうよ、とそんな行為が当たり前でかっこよくなるにはどうしたらよいのでしょうか。

「かっこいい」の解析は面白いテーマになるはず。若い世代のアイデアで突破できないものでしょうか。

天然水の採取実習

（三三）ご当地カレー

六次産業化

地元の特産品を使ったご当地カレーが全国に二〇〇〇以上もあるそうです。また町おこしの手段として開発されたカレーも数百種に及ぶといわれ、里芋カレー、野沢菜カレー、たこカレー、蟹カレー、まぐろカレー、さばカレー、いちごカレー、トマトカレー、桃カレー、梨カレー、和歌山に関連あるものでは、梅カレー、山椒カレー、みかんカレー……、もう何でもありです。

カレーは多くの日本人が大好きです。たまに話の種に購入するのは楽しいのですが、問題は、このカレーが地方創生などの期待を込めて開発される場合です。

六次産業化は、農林漁業者が生産だけではなく、地域資源を使った新商品開発や加工、販売までを行うことで所得向上と地域活性化につなげようとする取り組み。国は六次産業化を

農村技術論での田植え実習

二〇二〇年までに一〇兆円産業に育て、農業を再び成長産業にしようと旗を振っています。

一〇兆円というのは、農業・食料に関する全経済活動の一割以上になる規模です。こうした大きな使命を持った六次産業化ですが、取り組み内容を農水省の発表で見ると、地域特産物から生まれたジャム、ハム、パン、スイーツ、ワイン、ハンバーガーなどが並んでいます。付加的にレストランや観光農園への多角経営もあります。どれも素材は地元自慢の特産品。しかし、アイテムや調理法はどこにでもある代わりばえのしないもの。カレーやジャムの集合体に一〇兆円の経済と地域再生の希望を託せるのでしょうか。

逆六次産業化

食の大手チェーンストアが素材を国産や地域限定品にこだわる動きが出ています。二次産業や三次産業が一次産業分野に進出することを、ある経済学者は逆六次産業化と呼びました。ケンタッキーフライドチキン、マクドナルド、モスバーガー、セブンイレブンなどは、七〇年代初期に次々と開業しました。それから四〇年以上、競争の厳しい食品業界を勝ち抜いてきたプロ中のプロが流通の川を遡って地元食材とのコラボレーションを始めているのです。

商品開発にはブランド戦略、企画開発、設備投資、販売先開拓、販促などのマーケティングが必要ですが、ご当地食品開発において、プロであり資金力ある企業とほぼ素人集団である地方の六次産業化側がどう戦うのでしょうか。

ある自治体が一二次産業化という言葉を使っていました。自然環境や農林産物などの地域資源を福祉や教育など一二分野に活かして、産業や雇用の活性化を図ろうというもの。逆六次産業化や一二次産業化にしろ、結局、おいしい食と地域活性化の解決場所は、地域の農業と農村環境に行き着くのだな、と気づきます。

プロの企業が地域食材へと関心を移したのは、そこに付加価値があり開発メリットがあるからです。そうであれば、農家は本来の専門である農業生産に集中し磨きをかけた方が活路があるのではないでしょうか。

農家から現状を学ぶ

最近、六次産業化に関わり商品開発をしたい、と相談に来る学生が続きました。六次産業化と地域活性化のセットは魅力あるテーマのようです。国の政策を鵜呑みにせず、政策を分析することの教育の必要を感じます。六次産業化が幻想であるかもしれないこと、どのような要件の下で成功するのか、について農業経済学者の分析が欲しいと思っています。

地元の自慢をレトルトパックに押し込んでカレーにしてしまうより、地元の自慢は地元の土地で旬を味わうのが一番美味しいはず。一番美味しい状態で勝負することで活路を開く、脱六次産業化も考えてみたいものです。

(三四) 頼りになる人

Kさん

災害時に孤立するおそれのある集落が和歌山県では五八三あり(県発表、H二六)、こうした集落の多くで高齢化が進んでいます。

甚大な被害を被った紀伊半島大水害(二〇一一年九月)からもうすぐ五年。災害時孤立可能性集落について調査し論文発表をしたことから、新聞記者さんの取材を受けました。

調査はこの大水害の半年後、和歌山県の中でも最も高齢化が進んだ山村、人口一〇〇人ほどのH集落で行いました。集落には国道が通っていますが、道幅も狭く傾斜地の崩落などですぐに不通になります。他地域への交通不全ばかりか、集落内での孤立可能性もたくさんあります。

川の両岸の山肌に家が散在するH集落では壊滅的な被害はなかったものの、数日降り続く尋常ではない大雨、山腹から滝のように噴出する水、岩石が転がり流れる川の轟音を聞きながら住民は不安な日々を過ごしました。

避難を必要とするような豪雨時に人は不安の中にいました。では、安心要素は何だったのでしょうか。聞き取りで興味深い結果がでました。

「緊急時に何を一番頼りにしたか」の質問に、七一パーセントが家族や近所、地区の役員など「人間」を頼りにしていたのです。インターネットは、住民の半数以上が七五歳以上のH集落ではほとんど機能していませんでした。住民が「頼りにしている」と頻繁に名前を挙げたのは集落北方の班のTさんと中心部に住むKさんでした。

Tさんの班は五戸。夫婦ふたり暮らしのT家の他は、四戸とも八三歳、七二歳、八四歳、九一歳の女性のひとり暮らし。全員が班で唯一の男性である八七歳のTさんを頼りにしていました。Tさんもまた彼女たちを日常的に気にかける元気なリーダーでした。

むらの風景

八〇歳のKさんは、台風では大工道具を持ち各家の防風対策に回り、車で避難所に送るなど普段から皆に頼りにされる存在でした。驚いたことにKさんからつながった親戚構造が、インタビューで出て来た名前だけでも一五人もいました。六九歳を最年少に全員が七〇代、八〇代。このようなつながりは集落の中に幾つかあり、車に乗せて避難する、互いに電話で安否を確認するなど災害時に相互援助の強い関係性が見られたのです。住民の要に区長さんや区の役員がおり、区長を補佐する自衛的な組織が見回りや危険物の除去などを行っていました。高台に住む独居の高齢女性は豪雨の中逃げる術もなく、「もうここで死のうと思っていた。区長が来てくれて助かった」と震えながら語ってくれました。

五年後

緊急時に大切なものとして、「絆」という言葉がよく聞かれますが、H集落で見たのは、その言葉以上の、伝統的に組み上げられてきた細かく強固な結びつきでした。それぞれの親類、姻戚、近所、同級生、とつながる結びつきの連鎖でした。それは緊急時を支える集落のインフラなのでした。

なぜそんな不便な場所に住むのだろうか、と記者は聞きました。私は答えました。

「そこに生まれたから」

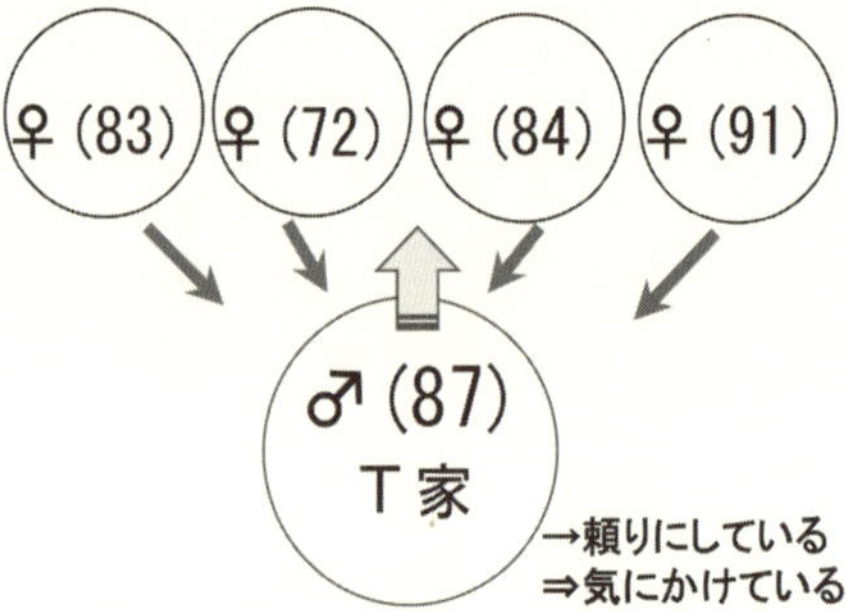

班で頼りにする関係

そこに生まれ、そこで子を産み、そこで暮らしてきた。しかし今、集落には体力のある若い人がいない……。

記者は言いました。一〇年後にはどうなっているのだろう……。いや、と私は答えました。おそらく五年ではないでしょうか、五年で大きく変わる、と。

Kさんはすっかり老い、今年になって運転免許を返上したと聞きました。村の繋がりの要だった、Kさんのような方の後継者は現れるのでしょうか。

(三五) 農の心

集落会議

「他人のカネでやろうとするのは愚の骨頂や」とひとりが声を上げました。地区のほ場整備事業のための農家集会の場。推進役が反論しました。

「農地は荒れ後継者もいない。子や孫の時代まで農地を守るために今がチャンスなんや」

多くの農村では耕作放棄地が拡大し、高齢化、担い手不足のために将来の姿が見えなくなっています。そのため、小さく分散している地区の農地をまとめ、農道や用排水路を整備し、効率的な広い農地に作り替え、大規模農業が可能な担い手に委ねることで農業の維持を図ろうという計画です。担い手は公の機関が仲介し、外部の農業者をマッチングするしくみ。また国などから集約化率に準じた事業費の支援が受けられるため、今が「チャンス」というのです。しかし、先祖代々の農地の場所移

水源の池について学ぶ

動や他人に営農を任せることが生じるため、農家は大きな決断を迫られています。

反対派に対し推進派が叫びました。「このまま農地が山になってしまってもええんか」

「山になったらええ。ここのような谷間で段差のある土地で、なぜ無理にほ場整備をするのか。奈良時代から田んぼを作ってきた。条件不利地域でもそれを活かした方法はあるはず。山になったらまた、鍬をもって百姓するんや。パイプで引いた水ではなく、太陽に当たった水で細々と百姓するのがほんまや」

「百姓ではやれても『業』と考えると採算にあわん。米の値段は上がらなくてもコスト削減すればやれる。ドローンで種を蒔く時代になってるんや」

百姓とは、風土に根ざした智恵と技術を持ち、それを多様に活用しながら生産と生活を営んできた人、と解釈することができます。お百姓としてのあり方は、農村の再生では見直したい方法論でもあります。百姓志願の若者も目立っていますが、耕作放棄地の拡大速度に間に合わないのが現状です。農地が山になってしまうのは比喩ではなく現実問題なのです。

百姓か、新しい農業への大転換か。しかし、両者の根本は「農地を守り米作りをやっていく」という点では一致しているのでした。今の状況を招いてしまったことへの忸怩たる思いはあるにせよ、農の気骨は健在でした。

よそものに託す

地元の人間ではない担い手に任すことの不安と不信を訴える人もいました。

「何町でもやったろかという人は腹くくって来てくれるんや」。彼らに地区の農業を託そう、そのために「ほ場整備を皆でやろらよ、地区を守るためや」。言葉は叫びに近くなっていました。

「僕は一人で三町の田で作っているがまだまだ田が足りない」。そう言ったのは担い手に手を挙げている地区外の若い男性でした。自分で農業を始め、工夫した栽培方法と販売ルート、仲間と共同で機械を持つなどのしくみで、彼の米は売れ、海外輸出の話も来ているとのこと。さらに彼は言いました。「ここは良いところだ、ここに引っ越したい」

水害で田が流されても米で生きていくんや、と父や祖父の時代がトロッコで土を入れ再生し、池から水路を引き、転作といわれれば果樹にも挑戦し、リヤカーが通る農道も皆で作った。そんな地域の歴史の重みと資産の貴重さを彼は農業者の勘で悟ったのです。

地区の千数百年の思いを引き受ける覚悟を決めた若者。バトンを渡そうとしている地域にとっても、全く新しい未来へと転換をする覚悟の選択なのです。

測量

(三十八) ゆずの決断

六次産業化の星

みかん、ゆず、しょうが、じゃばらなど和歌山特産の果実を活かした飲料は、栄養、機能性、風味もよく人気商品です。

商品とはマーケットで信用を得ていること。農業の六次産業化は、農産物の生産、加工製品化、販売を一体化することですが、「製品」が「商品」になるには突出した技術開発とマーケティングが必要です。

和歌山県の六次産業化のモデルといえるのが古座川のゆず平井の里。今から一〇年前、地域ぐるみでゆず加工販売の農事組合法人を立ち上げました。

モデルと書いた理由には三点あります。第一に、農家の主婦たちによる手作り加工の発展形であること。地域農産物を活用した食品加工は、一九八〇年代以降、女性の社会参加や地域活動として各地で盛んになりました。平井ではこれに留まらず地域全体を巻き込んだ経済活動へと発展し、農家所得の向上と雇用につながったこと。第二に、地元産にこだわった商品を展開し、有名外食産業との取り引きを成功させたこと。山村発の果汁加工品が全国市場に承認された「商品」となったのです。第三に、超高齢化が進む地域で「ゆずによる地域おこし」の覚悟を持って農を核とした生産活動を展開したことです。

大樹依存からの脱却

大手外食チェーンとの取り引きは一四五店舗に広がり、取り引きは生産果汁の約四割、全売上げの二〇パーセント近くにまでになりました。ゆず果汁は人気で企業からはもっと欲しいと言われるほど。しかし、平井の里は企業の増産要求を断ったのです。

ゆずジュースと収獲支援の学生

一昨年、ゆずは一〇年に一度の不作に見舞われ、企業からは地域外からの材料調達を勧められました。域外とはいえ和歌山県産に変わりはありません。しかし平井の里は、古座川流域産にこだわり、取り引きの縮小を決意したのです。「色も香りも違う。他の地域のものとは一緒に絞れない」。苦渋の決断でした。

ジュースもゼリーも色や香りを生かすため素材により微妙に異なる搾汁のタイミングがあり、収穫後の物流の距離と時間によって搾汁率も異なる。やはり「地元産へのこだわりがなくなったらあかん」と。地域資源だけを見つめ生産してきた自負が妥協を許さなかったのです。販売利益よりも優先したのは、地元に対する矜持と愛、でした。

「本気でやれば近隣地区産でもやれたのかもしれない」と複雑な心境を語るのは平井の里の女性リーダー。住民と共に産地産業を作りあげてきた方です。業容を拡大するチャンスだった、きれいごとを言っているが本当は力不足だったのではないか……。彼女の挫折感は彼女がすでに起業家に育っていたからです。

その後、いったん縮小した取り引きは復活しませんでした。安定供給こそが企業の論理ですから。「一社に依存することの怖さを思い知った」と平井の里の理事長は言います。

そう、拡大路線の先には、資本に迎合しなければならない怖さもリスクもある。企業の論理に従わないことが地域づくりの本質でもあり、地域への視点を失わないことが六次産業化のもう一つの真理です。

平井の里の広告にはこのようなキャッチコピーがあります。「高齢化率？　関係ないわ。気にせん、気にせん」。企業論理も拡大路線も気にせんと、地域資源に向かいあい、地域の力量で産出できる商品で勝負する。緩いけれども強い。風土が育んだ強靱さを持って、市場の荒波を乗り切っている魅力があります。チャンスはきっとまたある、と思います。

古座川特産、ゆず

（二七）廃村を許さず

村絶の願い

川の氾濫原に水田を拓き、そこに生活と生産の場をつくってきた日本人。恵みの川は氾濫の歴史でもありました。洪水は、川のほとりで暮らし、米を作り、川舟で物資を運んで山と海をつなぎ、狭い国土で川と共に生きてきた日本人の宿命かとも思われます。

旧街道沿いにあった井野谷村矢倉神社。岩神様を祀る。

古座川町最奥の平井の南西に、かつて、井野谷という集落があり、江戸時代の災害で廃村になったと平井区の方が教えてくれました。それについて調べました。

井野谷村は、行政上は明治二二年に西牟婁郡七川村に合併され、数戸の集落ながら昭和二八年に人家が皆無となるまで存続していました。ではなぜ住民の伝承として災害廃村が語られるのでしょうか。

それは狭隘な環境のため災害が生活と生産困難に直結してき

たからと推測されます。井野谷村は「廃村にしたかった」が、許されなかったのです。

井野谷村は谷も狭く耕地も少なく家数も極小の貧村で、宝暦四年（一七五四）の洪水で村民は離散。村の機能がないまま、現在の古座川町の七川からすさみ町の佐本を経て海岸部の周参見への通路として重要なため廃村にはなりませんでした。さらに天明八年（一七八八）の水害では地形が一変するほどに大荒れとなり、もはやこれまでと災害後に村を見回った役人に「村絶」の願いを出しますが、認められませんでした。

宝暦四年は全国で洪水被害が相次ぎ、熊野でも「七月七、八、九日大洪水、古座、高川原、古田民家流、人四十人余流死す」、天明八年には、「七月十七日、夜大雷雨諸方山崩る、那智谷大損し、人多死す」（いずれも『熊野史』）とあり、古座川や那智川流域で甚大な被害が出たことが記録されています。

災害後、井野谷村再生のために入植者に対し年貢免除期間を二〇年間、地起こし飯料米として二石ずつ六年間下付されることになりました。しかし、貧村ゆえ入村の希望者はなく、平井村から二人が申しつけられ井野谷に入村します。ふたりは律儀者で九年間で三反ほど開拓。しかし過酷な状況は変わらず、もう一、二人入村すれば残りの開拓、猪鹿防ぎ、役人通行の村継ぎなどができるようになるので、さらに六年間、米二石ずつの下付を願い出るとの平井村庄屋の記録が残っています。（「地起飯料救下願」平井保郷会文書、古座川町史近世史料編より筆者意訳）。廃村がかなわず、開拓に苦心した様子がわかります。

やむを得ない

つえる（潰える）とは崩れるとの意味があり、井野谷は「つえ谷」とも呼ばれていました。「墓も神社もあり、山崩れの後も一生懸命に田畑を作り直してきた。作ってもイノシシにやられ、夜中にブリキを叩いてイノシシを追い回した。子どもの仕事だった」。かつての村の子の言葉です。過疎は厳しく、父や青年らは「やむを得ず村を出た」。

植林された旧井野谷集落

住民は七川村の入り口に近い平井に移り、当時は川の交通に頼っていた平井の道づくりにも精を出します。その平井区も近年は過疎が進み、地区の重鎮となった井野谷の子孫たちは「いずれここも」と平井の将来を案じています。

村を拓き、村を撤退することには時の政治や必要が関わり、それを人間の意思と人力で達成してきました。多くの地域が過疎により存亡の瀬戸際にある今、「廃村を許さず」という、村の存続に対する時代の強い要請が見えなくなっています。

現在が村に求める存在意義とは何でしょうか。日々の糧を得る以外の存在価値を認めながらも、「やむなし」と潰えてしまいそうな葛藤が続いています。

（三八）砂漠に挑戦

モウソ沙地

今年の夏も中国内モンゴルの毛烏素（モウソ）沙地で調査を行いました。沙地とは、元々緑豊かな草原だったのが、人間の過剰な土地利用により砂漠化した土地のこと。砂漠化は土地を不毛にします。

たとえば、超高級繊維のカシミヤ。カシミヤヤギの少量の産毛で編まれるため生産量が少なく庶民には高嶺の花でしたが、最近は手頃な価格で豊富に出回っています。内モンゴルはカシミヤの産地。日本にも多く輸出され人気です。多生産による安価なカシミヤセーターの背景に、ヤギの過放牧による中国の砂漠化の進行があることは、行き過ぎた消費経済と環境の関係をよく示しています。増やしたヤギの食欲に草の芽吹きが追いつかなくなり、ついには草原が失われたのです。

砂漠化による細かい砂は黄砂となり、北京や日本にまで飛来し問題になっています。砂漠化防止のための緑化は世界の重要なテーマなのです。

モウソ沙地は、一九六〇年代初頭から日本の研究者らによる砂漠植物研究の拠点。各大学の研究は教授から若い研究者へ、研究者の卵である学生へと引き継がれています。それは日本の研究者と内モンゴル農業大学の教授らとの数十年にわたる交友と研究の歴史の賜物。和歌山大学の研究者や学生も毎年この調査研究に参加しています。

調査はおもしろい！

広大な沙地にへばりつくようにシュウハク（臭柏）群落下の土掘りをしているのは学生たち。シュウハクは、乾燥地で這うように根を伸ばし群落を拡大し、砂丘を密に覆い砂を固定する砂漠緑化の有力な植物。しかし人工的な播種や挿し木では強い苗の生産は困難で、生理生態には不明なところがあるようです。

モウソ沙地を行く学生

今回、和大生らが取り組んだのはシュウハクの土の中の根の広がりを視覚化し、根茎の発生形態にアプローチしようというもの。

スコップで土と格闘し、現れたのは地表面に並行に横に何層にも広がる根の匍匐形状でした。指導した教授はそのことから有力な仮説を得たようですが、専門外の筆者にもシュウハクが流動する砂に適応して何十年も根を張り生き延びてきた姿がわかるようでした。

学生たちは地下の根茎の姿を三次元で再生しようと、根茎の曲がりや太さ、高さ、広がりを計測。計測点は三〇〇以上にもなっていました。根気のいる計測作業は何日もかかり、地平線に夕日が沈む頃、宿舎へと徒歩で砂漠を越えながら一人が叫びました。「調査っておもしれえ、早く明日にならないかな」。

学部生にとって砂漠植物の生態という未知の領域に挑戦したことは、研究者の卵として興奮する出会いでした。

一方、砂漠緑化は、自然科学の探究のみでは成立せず、人々の暮らしや生業、経済との関わりが重要です。そこで筆者は人文社会科学の研究者の立場から、学生を連れて牧民の生活調査を並行して実施。学生らは自然とともに暮らす人々の生活の一端を調べ、自家製チーズや肉のもてなしに感激していました。

シュウハクの根茎を掘り出す

日本への帰路、学生は「家に帰ったら水道水をごくごく飲みたい」と言いました。おいしい水道水が豊富に飲める日本、おいしいチーズが食べられる中国内モンゴル、世界のさまざまな現実、それぞれの平和な暮らしの持続のために数多くの地道な研究があること、そしてその面白さを知った夏だったようです。

（三九）大学発商品

まんじゅうからロボットまで

筆者は大学と産業界をつなぐ部門にいるので、大学から生まれた多くの商品を試してきました。サプリメントではみかん、柿、はっさく、桑、シソ、梅……と飲むのに忙しかったことも。学会の懇親会では各大学が開発に関わった酒がずらりと並んだこともあります。

大学の研究成果を生かした「大学発商品」は、クッキー、アイスクリーム、まんじゅう、せんべい、酒、カレー、うどん、化粧品、野菜、サプリメント、ほ乳瓶、靴下、家具、文具、調理器具、家庭雑貨……と何でもありです。

もちろん、大学の基礎研究から時間をかけて進展したものもあります。三〇年以上をかけて養殖技術を確立した近大まぐろは食業界にインパクトを与えました。和大の発明であるロボット技術による農作業アシストスーツは、筆者がアイデアを提案

林道整備実習での溝さらえ

したものですが、高齢者にはつらい農作業の動きを助けるもの。教授をはじめ研究者らが一〇年の歳月をかけて産学連携の中で研究を進め、商品として売り出す時期に来ています。

しかし、日常のよくあるものにちょっとアレンジを加えただけのものも多く、まんじゅうに果実を練り込みパッケージを工夫するといったようなものです。「地域資源の○○を活用し、地域活性化に貢献」という宣伝文句がついています。そういう筆者も、梅豚まんや柿パン、山椒パンなどを試作したことがあります。その結果「梅を入れない豚まんの方がおいしいね」などと笑い話のようになり、学生と教員の素人集団でのものづくりは、教育研究ではあってもマーケティングとは別物であることを痛感したものです。

安っぽい地域貢献

少子化と地域の活力衰退などを背景に、「社会に直接コンタクトする」社会貢献が大学に求められ、わかりやすく消費の末端である消耗品の分野に関わる傾向が出てきたのです。

商品開発、商店街活性化、町づくりなどの場面で学生に「来てくれ、してくれ」という話も多くなりました。「学生目線で」と期待されますが、個性が多様化する今、学生目線などと曖昧なものの価値はほぼ存在しません。学生が商品を考案した、町を歩いて「調査」したとするだけでメディアに紹介されますが、多くは一時の話題です。

このような泡沫の社会貢献が引きも切らないのは、それが企業や行政と大学にとって、決して売れなくてもよい、社会貢献PR、知名度PRのウィンウィンの広告活動だからです。実益を生み出さない活動には、世間も食傷気味との声も聞かれます。大学と共同研究をした商品に「あえて大学名を出さない」という本気の企業も出て来ました。大学発商品は話題にはなっても、同窓生以上の商圏に広がらないとの調査結果もあるからです。

和大のお菓子

筆者はフィールドで学生実習をしますが、販売場面よりも生産現場に、生産現場でも草引きや溝さらえなど、労働の下支えの部門に比重を置くようになりました。土や単純作業の中に身を置くと、なんと世の中の営みを知らず、なんと非力であるかを知るからです。労苦を実感し、社会のしくみを知り、その後でようやく課題の分析から開発に至る手順があるのです。

肝心なところをすっ飛ばさず、消費市場の上っ面をかすっただけで満足せず、「大学」の旗に甘えず甘やかされず、社会貢献のボロが剥がれないうちに、筆者も含めて地域に出る心構えについて再勉強が必要です。

(四〇) 求む人材

よそ者、ばか者、若者

日本の人口は、明治後期の一九〇〇年から一〇〇年かけて約三倍になり、二〇〇八年をピークに、さらに一〇〇年後には再び明治時代の人口まで下がると推計されています。同じ国土の広さで人口が三分の一になるかもしれない兆候は、特に地方の空洞化として現れ、山村地域などでは若者がいなくなり後期高齢者ばかりに。村が消滅するのではとの危機に直面しています。

国や自治体の対策は、都市に集中する人口と経済の地方分散をめざし「若者を地方に呼び込むこと」。地方の活性化のために、都市と農村の交流が盛んに言われてきましたが、そのような段階はもはや過ぎ、もっと直裁に「地方に住み結婚をして子どもを産んでください」と言っているのです。

全国でまちづくりやむらづくりが盛んになった九〇年代の終わり頃から、活性化の先進地とされる地域には行政などからの視察バスが連なりました。当時、そうした先進地には必ず一人の立役者がいました。

農協や役場の職員、農家、旅館経営者などが「このままじゃいかん」と猛勉強し、取引先開拓に奔走し、時にはダマされたりしながらも売り上げを伸ばしていく。古い体質の地域の中で「ばか者、変わり者」と呼ばれても、泥臭く一途にがんばり地域を変えていく。こんなサクセスストーリーが本になり地域づくりのお手本になっていました。「がんばる人の力わざ」が成功を導いた時代でした。「よそ者、ばか者、若者」が地域づくりの三要素と言われてきました。外部の目で地域を見ることのできる「よそ者」、寝食を忘れるほどに一生懸命な「ばか者」、新鮮な感性と行動力のある「若者」です。しかし、いつしか「ばか者」はあまり聞かなくなりました。否応なく進む地域衰退の対策には、一人のがんばりに頼るのではなく、長期的なビジョンに基づいた地域計画や他地域と差別化する高度なマーケティングが必要になってきたからです。

地域は若者を待っている……。

羽ばたきを応援する

地方に人の流れを加速しようという「地域おこし協力隊」の増強が進められています。地方に移住して地域おこし支援や住民の生活支援を行うことが仕事で、都市部から住民票を移すことが条件です。過疎と超高齢化に悩む地域では「とにかく若者に来てもらいたい」と切望し、一方、地域に貢献したいという田舎志向の若者も増えています。しかし、地域づくりに理想と意欲が強いほど、現実の前に失望したり挫折する若者も多いようです。

ある地区で、二〇年前の小学校閉校が地域衰退への第一歩と

羽ばたきを応援したい

するならば、そこには二〇年の衰退の坂道が存在します。坂道を転げた「地区の現在」は新たにやって来た若者にとって簡単に変革できない重い現実です。坂の上への扉は一人のがんばりでは開けられないのです。

若者たちが大勢集まり活性化した有名事例もあります。それは町や村の生まれ変わりとも言える姿です。しかし、多くは自らの子も帰って来ない地域に住んで子を産めなどと無謀な期待をしているようで心配します。

よそ者、ばか者、若者の三重の期待を、協力隊一人に背負わせてはいないでしょうか。

地域活性化という曖昧なものを若者に委ねる、かつてのような属人的な解決を期待するのではなく、むしろ私欲を捨て、わが村で経験を積んだら「よその土地でもいいから」と羽ばたきを見送ってやるような、そんな覚悟を持った受け入れ方が大事かもしれません。成長した若者は、広く国の宝に違いがないのですから。

（四一）町の水力発電

小水力発電

「この水をなんとか利用できないものか……」。ダムの水を見下ろしながら町役場の課長さんはそう思っていました。

彼の眼下にあるのは有田川中流域の二川ダム。貯水量は、約三〇〇〇万トン。東京ドーム約二四個分という大規模ダムです。ダムは、水をせき止めることで下流域の生態系に大きな影響が出るため、堤体の下部に穴を開け水を常時下流に流しています。課長さんが「気になっていた」のはこの放流水です。ダム湖の取水口と放流口の間には三〇～五〇メートルの落差があり、放流水は毎秒〇・七トンもの量で勢いよく排出されていました（写真）。

この放流水を活用した（発電前）。左手の発電所内に水車と発電機がある

水力発電の出力は落差と流量のかけ算で決まりますが、課長さんの計算によると発電の可能性は充分にあり、売電価格

を低く見積もっても充分にコスト回収できるとの確信を得ました。

所有者である県や関西電力との交渉は難航しました。しかし、二〇一一年の東日本大震災や紀州大水害などを教訓に地域での多様なエネルギーの必要性への機運が高まったこともあり、二〇一六年二月、最大出力二〇〇キロワットの町営二川小水力発電所がついに完成。七年の歳月が経っていました。

低炭素な地域

地域が自然資源を活用した発電所を経営することについて、ここでは実践に導く二つのポイントがあったと思います。ひとつは既存のインフラを活用し未利用の流水に着目したこと。ひとつは、環境に負荷をかけない持続可能な社会づくりへの積み重ねが、町に形成されていたことです。

有田川町では、早くから住民主体による徹底した分別でゴミの減量と資源ゴミのリサイクルに取り組んできました。徹底分別されたゴミは資源としての評価も高く、「売れる質の良いゴミ」となり収益を生みだしたのです。町は収益を基金として積み立て、太陽光発電や太陽熱利用温水器、生ゴミ処理機など、住民のエコロジカルな生活のための補助事業に還元してきました。生ゴミから堆肥をつくるコンポストは、世帯数が一万余のこの町で、すでに一五〇〇個利用されているとのことで住民の関心の高さが伺われます。

こうした地道な行動の先に小水力発電の建設があり、これにより町は、年間四三〇〇万円の売電益を生み出す新たな収益構造を獲得しました。売電益はさらなる基金となり、町づくりや産業振興、教育支援などに還元される計画です。

上流の堰で取水し、導水路を拓き山の傾斜を活用して発電をする小水力発電所は、明治の終わりから昭和初期にかけて全国で盛んに建設され、有田川水系でも一〇カ所以上もの発電所がつくられました。

これらを最近調査した課長さんによると「昔の導水路トンネルは手掘りだった。人力での測量はどうしたのだろう……。昔の技術はすごい」。それにまだまだ使用できる導水路もある、と声を弾ませて言うのです。彼は今、かつての遺構を活用した小水力発電所の復興にも心動かされているようです。

かつては導水路を活用して伐採した木材も川に流していた

昔のすごい技術や地元資源の活用は、いつのまにか忘れ去られ、ゴミを大量に出し、原発や化石燃料からつくられた再生不可能な電気を浴びるように使ってきました。それは外部に依存した未来の見えない電気でした。地域の低炭素化は、それとは真逆の暮らし方で、自立的な経済を生み出す挑戦です。
役場の若い担当者は「僕らは実際に経済に関わる町づくりをしているんだ」と言いました。スローガンに終わりがちな低炭素型地域づくりへのしっかりとした自負の感じられる頼もしい言葉でした。

（四二）健全な循環

循環型社会

循環型社会とは、使えるゴミを回収し、資源として再生、再使用することで、環境への負荷を抑えようという考え方。大学の研究を地域の中で活用することを「知の循環」などといい、地域の生産物を地域で消費する地産地消は、地域内でお金が循環する社会のあり方が目的のひとつでもあります。

身体の血行が悪いと健康に弊害が出ます。つまり、「循環」の意味を社会学的に解釈すると、健康的な地球環境や、地域社会、生命を未来へと引き継ぐための社会行動、と解釈できます。

では、地域における「血」とは何でしょうか？　地域で回るお金以外にも、自然環境、伝統技術、歴史、文化、住民の意欲など、地域のあらゆる資源が「血」であるととらえられ、血＝地域資源が、地域内で充分に活用され、活き活きと地域内外をめぐることが元気で健全な地域の姿、といえます。

さらに地域資源は、新事業や農産物、観光などの形で外に向かって出され、所得や移住といった付加価値を生んで地域内に還元されます。筆者は以前、これらを地域づくりのサーキュレーション（circulation ＝循環、還元）モデルとして論文にしたことがあります。

現在の地域づくりでは、地域資源を外に向かって創出することに目が行きがちです。しかし、あまり成功しないのは、元となる「血」が滞っているからです。高齢化の進行で地域資源が活用されず、地域は深刻な動脈硬化の状態となり、血液が地域の中をサラサラと流れていないのです。

当たり前の光景に

今年も和大生二〇名とともに古座川町にユズの収穫支援に入りました。

市場の評判がよい古座川のユズですが、高齢化のために営農が困難になり、ボランティアが山に入り、微力ながらも産地の維持を支援しているのです。

お年寄りと学生の協働作業

ユズを一個一個収穫する作業は、かなり忍耐のいる仕事。山肌の斜面で高ばさみを操作しユズを満載したコンテナを運ぶのは重労働です。

八〇歳を過ぎ身体の自由がききにくい農家の方に、学生が農業用モノレールの操作方法を教わり、作業を交代する光景がありました。

六〇年の人生経験の差のあるふたりが顔を寄せ合い、教え、学ぶ光景は、なんと自然なのでしょう。元々地域にはそんな日常があったはず。現在の若者の柔軟な適応力を頼もしく思いました。お年寄りと若者が共に働く姿が普通の光景にならないも

山に若者は似合う

のでしょうか。
「衰退する地域に特効薬はない。少しでもできる方法を積み上げて踏みとどまろう」。そう言ったのは、この地区の元区長さん。移住、事業化、観光など行政がせっつく成果に惑わされず、まずは生活と生業を見つめ、日常の元気な血のめぐりを取り戻すための一歩を模索し始めた言葉です。
滞っている血液は、一人の若者から溶け出すかもしれない。しかし、その若者はいきなりやってくるのではなく、健やかな血液をもつ日常の延長線上に現れるのでしょう。
モノレールの操作を教わった学生は来春、故郷の役場に就職が決まりました。彼は四年間でこの山村に八回も入っています。地域の痛みと地域の知恵と価値がわかる職員になってくれるはずです。

(四三) つれもて　とろら

種採り大会

ススキが風に揺れる姿は、日本人の感性に響く秋の風物詩。

ススキ採集

晩秋の頃、ススキの穂は白い綿毛にくるまれた種をたくさんつけ、少しの風にも飛ぶ準備をします。ススキの種は風に乗り、次の芽生えのために新しい土地へと舞っていくのです。

一一月下旬、ススキの種採り大会なるものに参加しました。主催はわかやま地域植物緑化研究会。緑化工事の施工業者、資材業者、研究者らによる研究会で、外国産種子を使わず、地元の植物の種子で地域の緑化を進めようという研究会。和大の研究者や学生もメンバーです。

道路や住宅地開発で山を掘削すると人工的な斜面である法面（のりめん）ができます。和歌山大学の近くでも、途切れることなく山を掘削しマンモス住宅地が今も開発中です。先日、その住宅街を通ったときのこと。植物が繁茂し始めた法面を見て、「ああ、ここも外国産の植物だ」と環境生態学者の教員はため息をつきました。

開発で裸になった法面の緑をすみやかに回復するために、繁殖力が旺盛で安価な外来種や外国産在来種が盛んに導入されてきました。外国産在来種とは、ススキやヨモギのように国内に分布する在来種であるが、中国など外国で採取された種苗のこと。安価な生産体制で大量に市場流通しているため工事計画や予算が立てやすいという利点があります。しかし、外国産の植物に地域固有の植物が駆逐されたり交配が起こるなど生態系を撹乱する問題が起きています。

地域伝来の土地に生えた植物と人間の暮らしとは密接に関係しています。地域の生態系のつながり（生物多様性）が損なわれることは、環境はもとより農林業への影響など私たちの生活、生存とも無縁ではありません。

みどりの地産地消

さて、種採り大会は、高野山森林公園内丘陵地で行われました。ススキは茅葺（かやぶき）屋根の材料になるなど頑丈で、日本人の生活文化に根ざしてきました。また大きな株となり頑丈な根をしっかりと張ることから斜面の崩落を防ぐ緑化植物として有望です。

ススキの種は、白い毛に包まれた芒（のぎ）の部分を手でそぎ取ったり、振り落としたりして集めていきます。足踏み脱穀機のような機械も使いますが、軽くふわふわした小さな芒を集めるのはとても手間のかかる仕事。一日がかりで採取しても重量はたいしたことがありません。市場流通できる量をコストに合う形で生産することが、労賃の高い日本では無理なことがよくわかりました。
緑化工の実践的な研究者であり一流の技師でもある山田さんは、研究会の目標をこう言いました。
「地域の種を地域で生産し、地域の業者が、地域の緑化工事を実施すること」

採取したススキの種

種と緑化の地産地消です。地産地消とは、地域で産出した資源を地域で活用し、地域の中に仕事やお金、自立的な活気も生み出す社会のありようです。

しかし、地域の種子で生物多様性に配慮した緑化工事には、地質、気象、植物の選定、採取、発芽条件、播種機械、工法、工期、コストなど多くの課題があります。研究会はそれにチャレンジしています。

種採り大会のちらしの見出しは「TUREMOTE TORORA(つれもて　とろら)」。地元の種で地元の生態系を守り、地元に仕事を作ろう、と言っているのです。難問に立ち向かう泥臭い緑化システムの最高の合い言葉ではないでしょうか。

（四四）山でもうけましょう

森は希望の宝

「山の植林事業のおかげで子供を大学に行かすことができた」。そう語るのは紀南地方に住む八〇歳代の方。戦後の復興時、政府は、成長が早く経済価値が高かったスギやヒノキによる拡大造林政策を実施。

この植林に山村の人々はこぞって従事しました。苗を背負って夫婦で急峻な山々に入る日々。「それはそれはえらかった」と語られる厳しい労働が、昭和三〇年代～四〇年代に一〇年ほど続きましたが、つらい労働の対価として山村生活には貴重な現金収入をもたらしたのです。

植える一苗一苗を宝だと思って植えたと言います。植林は、銀行に預けるよりももっと大きな利子を生み出すと信じられた希望の労働でした。

人々が一生懸命に植えた木が、数十年経って成熟し伐採期を迎えています。しかし、この間、日本はグローバル経済の中で変貌しました。今や木材需要の七割以上が輸入材。日本の山は放置されるか、伐採しても赤字になるなど深刻な問題を抱えています。

山間地では間伐されず、細く線香のように林立するスギ林をよく見ます。暗く弱々しい森は、高度経済成長の影の部分。人々が捨ててしまった希望。未来への意欲の放棄のようにも見えます。

木質バイオマス利用

いえ、森は今でも希望の宝です。

先日、「すさみ木質バイオマス利用勉強会」に参加しました。

バイオマスとは、動植物由来の有機性資源のことで、木質バイオマスである木材は熱や発電のための燃料となります。すさみ町の森林率は九三パーセント。勉強会の目的は、すさみの豊富な森の間伐材などをエネルギー源として電気とお湯を作り、町内の家庭や温泉施設などに供給する事業を住民主体で立ち上げること。間伐することで環境保全に貢献し災害に強い森ともなる、雇用や産業を生みだし、地域振興につなげるという計画です。

放置された人工林は災害にも弱い

北海道の下川町は町の九〇パーセントが森林で、過疎化に苦しんでいましたが、木質バイオマス利用による町づくりで苦境を脱しました。

町の木材から熱を作り、公共施設や民家などに暖房や温水を送る地域熱供給システムを確立。林業が活性化し、熱利用による事業が生まれ、若者の働く場ができ、移住者も増え、化石燃料から木質バイオマス燃料へと転換したことで役場や家庭の燃

間伐材はチップに加工され燃料となる

料費が削減され、削減分は町づくりへの財源に、との好循環を生み出しました。「地域資源を使って地域産業を興し、地域の自立に結びつく」（下川町長）と、エネルギーの地産地消による町づくりを実現しています。

木質バイオマスによる発電は、一定期間電気事業者が電気を買い取ってくれる固定価格買い取り制度の後押しもあり、認定発電所は全国で一〇二カ所（平成二七年三月末、資源エネルギー庁発表）と急増。この時点で発電所を持たない県は和歌山県を含め数県だけでした。

政府は二〇二〇年までにバイオマス利用で約五千億円の新産業創出を目標にしています。山は再び宝の山と期待されているのです。

すさみ木質バイオマス利用勉強会では、原木量の把握、資金計画、電気や熱の供給計画など具体的な課題を丁寧に検討。山から生命と生活の維持に必要なエネルギーという宝を取りだし、地域で儲けるための事業計画が練られていました。

環境破壊や一次産業の衰退、何よりも原発というモンスターを抱えてしまった社会の転換に遅すぎることはありません。

（四五）女神の電気軽トラ

ガソリンスタンドがない！

閉鎖するガソリンスタンドが増えているようです。

ハイブリッドカーの普及で需要が少なくなった、設備投資がペイできない、など経営難の原因が様々にいわれますが、自動車が生活上必須の山村ではガソリンスタンドの消滅は死活問題です。

ここ数年、山村でも自活できる方法について、和大の中島先生（環境生態学）、塚田先生（情報通信学）、北大の揚妻先生（動物生態学）と筆者（地域社会学）がチームを組んで共同研究を行っています。先日、その研究の中間発表会を平井区の集会場で行いました。そのときに行った簡単な住民アンケートに印象に残った次のようなコメントがありました。

「この地域は美味い空気と水があるのみ。特に不便なのは、ガソリンスタンドが営業しなくなったことだ。和大と北大の力でガソリンを販売してほしい」

古座川上流部の人々が利用していたガソリンスタンドが最近閉鎖し、「ガソリンを入れるために下流の町まで片道一時間も走らなければいけない」と住民の方は嘆きます。給油のためにガソリンを消耗しながら走る、笑い話のようですがこれが地域の実態です。和大や北大の力でガソリン調達は難しいですが、方法はあります。

自前で暮らす方法

当日は、災害時に電気や通信が途絶えたときにも役に立つ、自然エネルギーを活用した自律的な通信網の開発や地域づくりの方法について報告しました。

掲載した絵は、農水省が「未来の農村の姿」として職員の教材用にしていた資料を参考に筆者が作ったものです。農業用水路を活用した小水力発電から軽トラや農業機械に充電しています。山から切り出した間伐材をバイオマスエネルギーにするため、地域の温泉に運んでいます。畑ではソーラーパネルの下で耕作をしています。電気と農業の両方から経済を生むことができます。山上には地域を巡る情報通信設備を設置しています。この絵は地域の自然資源を活用しながら農林業を営み生活する姿を描いています。

近い将来の農村

電気自動車はすでに実用化されており、ガソリンスタンドがない山村ではとても有効に思われます。しかし、充電のために、従来の電気を使うのはどうでしょうか？　ガソリン依存は減っても電気需要が増え、結局原発に頼ることになる矛盾が起きそうです。

太陽光発電の普及など、現在では売電利益を目的にされることが多いですが、耕作機や軽トラに充電することを目的に自分たちで電気を作れば、環境にも家計にも優しい生活スタイルが実現します。電気軽トラへの改造は八〇万円くらいでできるとも聞きましたし販売もされています。農村の未来の絵は決して未来ではありません。しかしこのような村の姿が実現できないのは何が問題なのでしょうか？　今後の研究課題です。

実験場の山（線は描画）

余談ですが、平井区の特産ユズの学名はCitrus junos。ギリシァ神話で最高の女神とされるユーノー（juno）と特産ユズ酢、地元の方言「ゆぅのすぅ」に引っ掛けて、平井は女神のいるユズの里だとの話題になりました。私たちの実験場である北大研究林の尾根が、ちょうど横たわる女神の横顔に似ていると揚妻先生の強引とも言える解説に話は弾みました。

女神に守られた山村で、自前のエネルギーで農林業を営み、電気軽トラや耕作機が燃料の心配なく動き、山の木で沸かした熱い湯に入る……。

私の夢は、こんな山村をピンクの電気軽トラで走り回ること。まだ新年ですから笑って聞いて下さい。

(四六) 宿命のむら

山間の大都会

山間地に行くと、わずかな家は閑散とし、通る人もいない寂しい地域に出会います。しかし、そのような地域にもかつては映画館やパチンコ屋があり、多くの労働者が滞在し、娯楽のために散財をするほどの賑わいがあった、と聞くことがよくあります。鉱山の町や材木を筏流するための中継地であったような所で、産業が人間の労働力に頼っていた時代のことです。

古座川中流域の真砂（まなご）地区もそのような繁華街でした。古座川町は古くから製炭業が盛んで、江戸や大阪の炭需要の大半を担っていたともいわれる大産地。古座川上流部の炭は真砂に集められ、真砂からは炭が真砂船と呼ばれる川舟で河口の古座まで運ばれました。帰りには川舟に米や日用品などを積み戻るということで、真砂は山と町をつなぐ物流の発着地点でした。川と山肌に挟まれたこの地区には大勢の労働者があふれ、銀行の本店や支店、旅館、映画館、赤線まであったといいます。

しかし、昭和期に入り道路の開通とともに川舟輸送は消滅。戦後は薪炭の使用も激減し、木材も長い不況に入り、他の地域同様に真砂でも過疎化が進行。昭和三〇年頃には六〇戸だった世帯数も現在は三戸となりました。

農の開放

耕地もなく狭隘な土地の真砂は、三次産業の「街」でした。三次産業とは、金融、物流、商業、サービス業などのことで、これらが成立するのは、農林漁業など一次産業と加工、製造業などの二次産業が生み出す経済が地域で回るからこそ。一次、二次産業が衰退すると三次産業は成立しません。林業や製炭業の衰退とともに真砂は一つの役割を終えたのです。宿命のむらだったともいえます。

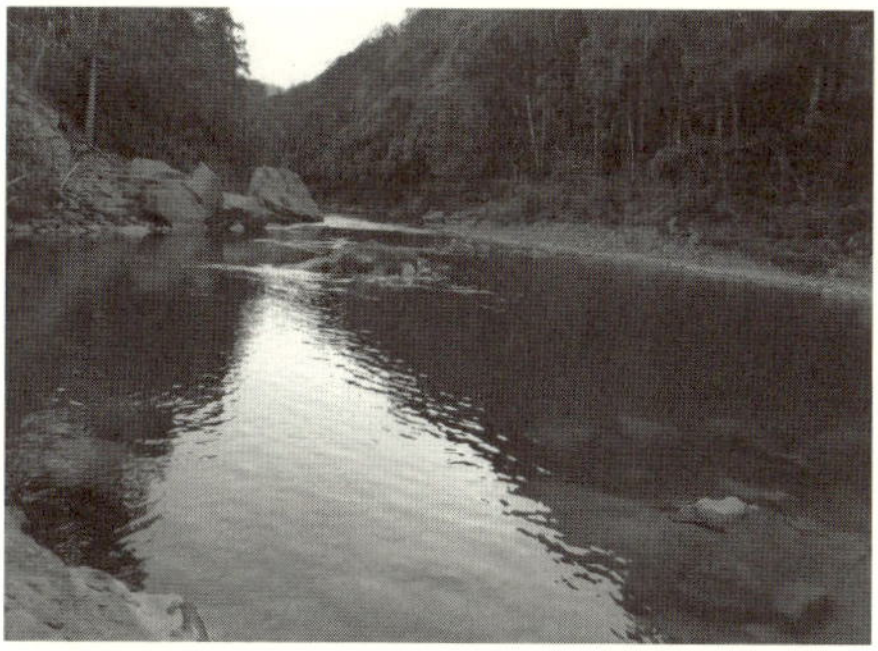
かつての船着き場（古座川町真砂）

最近、農山村や島に移住する若者や若い夫婦が目立つようになってきました。ＩＴ技術やデザイン力に優れた彼らは、田舎の風景の中で意欲的に暮らしを創りだしています。しかし、美しい景観など表の地域資源だけを活用して生業とすると、ＩＴデザイナーやカフェ営業、手作りパン屋などサービス業に片寄る傾向があります。泥くさい暮らしの現実はどこにいったのでしょう。地域はカフェの舞台装置だけになってしまったのでしょうか?

一方で、農業を志願する若者も少しずつ出て来ており、新しい農法や販売方法にチャレンジしています。しかし、農地の流動化はなかなか進みません。耕作放棄をしても先祖伝来の農地

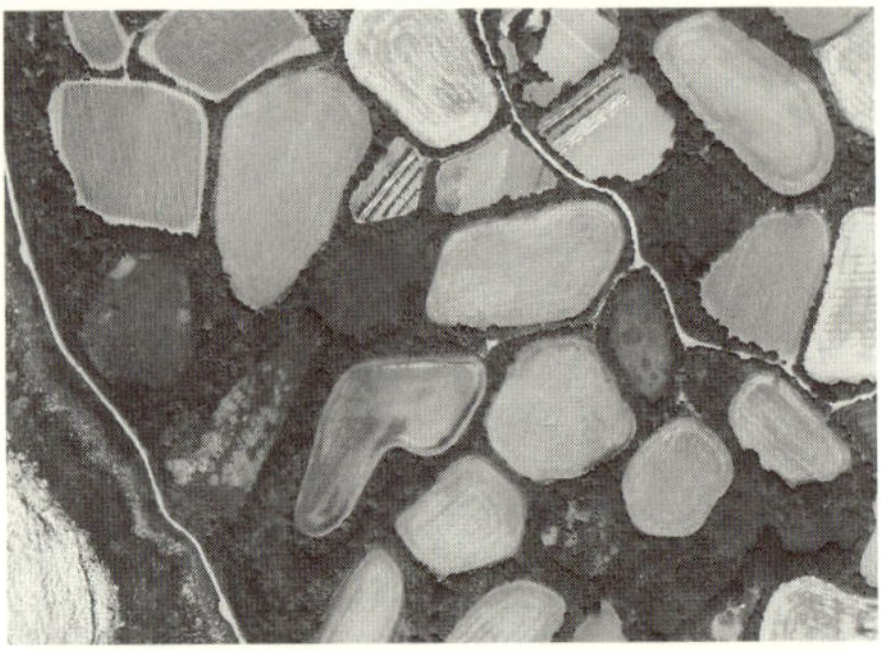

周囲が円形の円畑（五島市三井楽）（国土地理院撮影の空中写真）

は持ち続ける慣習の壁もあり、また、陽当たりよく利便性のある優良農地は商業施設や発電設備にも「優良」なため、米よりも何十倍何百倍も儲かるという目論見で、いとも簡単に青々と美しい農の姿を捨て転用されていきます。意欲ある若い世代に一等の農地を任せる方法はないものでしょうか。

　最近、五島列島の福江島に行ってきました。紀州熊野の習俗との関連性を調べるためです。島の西部の半島部には日本耕地形の原初形と言われる円形の広い円畑（まるはた）がおびただしくありました。渦巻き状に牛が土を鋤（す）くのに効率的である、丸と丸のすき間を防風林に活用するなどの説がありますが、それが風土にとって最適な土地利用だったのでしょう。

　上空から見た風景は先人の知恵とエネルギーが迫り壮観です。この円畑を若者に開放！すれば、若者が湧くように島に集結するのでは、と夢想しました。熊野でも今なお美しく耕された棚田をみることがあります。

　一次産業の復権こそが命と暮らしの本質です。丹精込めて田の基礎を作りあげた美田こそ、若者にバトンタッチしたい。農の衰退を宿命としないためにも。

あとがき

最近、あるシンポジウムに地域再生機構の野村典博さんと共に登壇しました。野村さんは、地域資源を活かした地域づくりの専門家であり、特に自然エネルギーによる地域再生の可能性とノウハウを伝えるために、伝道師のように全国を飛びまわっていらっしゃいます。また、小水力発電を核とした地域再生の先進例としてメディアに取り上げられることも多い岐阜県石徹白地区の取り組みに当初から支援した当事者でもあることから、彼の話す内容は実践者であるがゆえの説得性があり講演は盛況となります。

その野村さんが、講演でよく引用してくださるのが拙著「自立と自律」の一節です。

自立とは「他に頼らず自分ひとりで立つこと」。「律」は「自らのきまり」と解釈でき、自律とは「外にも開きつつ、自らの価値観を作りあげ、主体的に立つこと」。資本が描く社会を取り入れながらも、「資本魔」に魂を奪われるのではなく、地域自立の価値観をつくること。自立のための自律が現在の地域づくりの本質ではないか。（「自律と未来」『続地産地消大学』、九三頁の要約）

また、地域資源活用については、次の一節を引用してくださいます。

地域資源の単純活用では、「儲かる幻想」に終わる傾向にある。持続的で価値の高い地域資源活用とは、地域資源を活用できる形で「取り出す」からこそ地域の中で生き続け、価値が高くなる。地域資源を「取り出す」とは、自然原理から人間活動を生み出すこと。（「那智の滝の下に」本書五五頁の要約）

これらの文章は、紀伊半島の各地に出向き、調査研究を進める中で実感したことです。現場で目の当たりにする事実の積み重ねから、自分の中で得た言葉や確信が、第一線の実践者らの行動によって裏づけられ、彼らの信念の根底に通じていることに、「まちがってはいないんだ」との感を深めています。

本書は、二〇一五年二月から二〇一七年一月まで、わかやま新報で連載したコラムをまとめたものです。二〇一一年から始まったこのコラムは現在一二八本を数えるまでになり、先に『地産地消大学』（二〇一四年）、『続・地産地消大学』（二〇一五年）としてまとめ、本誌はその続々編となっています。いずれも大学の教育研究活動の中で、筆者と研究仲間、学生や地域の人々と共に取り組んだ記録です。それぞれ「オルタナティブ地域学の試み」とサブタイトルが付いており、続々編にあたり、このサブタイトルをどうしようかと迷いましたが、結局つけることにしました。

オルタナティブや内発的発展という言葉は一九七〇年代に、環境問題や南北問題、地域問題に対し、それまでの近代化への発展方法とは別の、自然環境や地域の伝統的な文化に根ざした多様な発展の方法論として登場しました。筆者の学位論文のテーマも内発的発展をキーワードとしていました。しかし、依然として続く「発展幻想」の中で、これらの言葉は古い概念としてさえとらえられ、一部の警告を発する学者を除いては忘れ去られてきたといえます。そして私たちは二〇一一年、後世に多大な瑕疵を残す福島原発事故を迎えました。並行して、七〇年代にすでに問題が顕在化していたにもかかわらず、先延ばしにしてきた地域の過疎高齢化、経済とコミュニティの疲弊、弱体化などが末期的な様相を呈してきました。

事故というからには「加害者」と「被害者」がいる、との指摘があります。福島原発事故という場合の加害者は、近代を享受してきた私たち全て、といえます。誰も触ることのできない、制御不能な原発の現状は、無責任に「今」の便利と発展幻想の中で時を過ごしてきた、私たち全てに科せられた十字架です。

原発と地域問題は無縁のようですが、問題の根源は同じところ行き着きます。そしてその解決は、近代の発展方法とは別の方法論の中にある。これが「オルタナティブ」な道であり、地域の土と技術に根ざした内発的発展こそが古くて新しい地域再生の方法論であろうと今は確信を持っています。

コラムの初出から六年、原発という未曾有の危機に直面し、誤解を恐れずに言えば、危機に直面したからこそ、「違う社会」への希求が強まっています。そして、集落や村という極小単位の生活実態の中からも、新たな行動が始まっています。

生活そのものを、私たちの祖父母の時代が培ってきた地域の資源から生命の糧を得、資源を加工し保存する技術を編みだし伝承してきた、そんな暮らしに転換したいと志向する人々が増えてきたのです。俗にいうIターンとか田舎暮らしの人々、地域おこし協力隊に応募し自ら山村に入る若者たちです。彼らの感性の根底には、「今とは違う」社会の有り方への切実な希求があるのだと思います。この切望に応えるために、今まで繁栄を享受してきた我々世代の「大人」もまたオルタナティブな方向性を探る時だと考えています。

書名は前作、前々作から地産地消大学としています。地産地消大学とは妙なタイトルをつけたものですが、背景には、地域貢献を標榜せざるをえなくなった地方大学の事情がありました。近年の地域の疲弊と東京への若年層の集中といった社会問題を受け、地方大学の存続条件として、地域活性化への貢献が求められるようになってきたのです。残念ながら、地方への就職率といった直接的な成果を求められることが多いですし、産品開発なども要望されがちです。しかし、地域に媚びすぎれば、その多くは教育研究として懐疑せざるを得ない拙速な活動になってしまいます。

大学がアカデミックな研究母体であるならば、産品開発や就職率と言った目先の利害に走るのではなく、疲弊する社会の方向転換を科学的に実証することが重要なテーマであるはずです。地域に深く入り、人と自然と社会と文化をとことん見つめ、そのことから私たちが生き延びるための普遍的な法則を見つけること、つまりは地域を科学する責任が大学にはあります。これが、未来につなぐオルタティブな地域学の研究であり、学生に未来を託すための教育と考えます。

「自然原理から主体的な人間活動を生み出すこと」は社会科学であり地産地消の本質なのです。贅をつくした高度経済消費社会に生まれ育った若者が田舎に入ることとは、自然と折り合いをつけ、自然資源を活用し、自らの手で工夫し、モノをつくり、食べる、という暮らしへの転身です。自らを解放し元気に生きる源泉となる、人間の本来的な姿ともいえます。「地産地消」は、流布される言葉以上に光を放つ、未来へのひとつの指針です。

幸い、今の若者はICTを駆使し、大胆な発想で旧来のしがらみからは自由です。郷土の土と水と空気は、若者の柔軟な感性と技術力に響き、我々の世代の発想を超えた新たな地平を拓くだろうと期待します。

地域に入り、たくさんの方々の豊かな暮らしぶりに学んできました。その中で思い知ったのは、研究者を標榜しながらも、自分は未熟で、生きていくための術を持たない、何と脆弱な人間なのであろうか、ということでした。

教育研究現場におけるオルタナティブ地域学の試みも七年にもなりました。次の段階は、試みではなく実践の時。土に向かい水の恩恵を実感する労働の現場に立ち返りたいと考えています。

学生にも教室では得られない貴重な証言や技術を伝授していただいた地域の方々には感謝の念が耐えません。大学の名の下に傍若無人な登場にも常に寛容に受け入れていただきました。また、研究パートナーとなってくださった研究者の方々との出会いは、常に刺激的でした。

出版は前々作、前作に続き、四半世紀の友人である南方新社の向原祥隆社長にお任せしました。出版という意思表示を通じて、次の社会の創造に奮闘している姿に共感しているためです。

また、発表の場を提供してくださっている和歌山新報社、前編集担当の前田望都氏、現在の担当の谷崎茜氏には心より感謝いたします。

湯崎　真梨子

二〇一七年二月

■著者プロフィール

湯崎真梨子（ゆざき まりこ）

和歌山大学教授（人文社会科学系）。博士（学術）。大阪府立大学人間文化学研究科博士後期課程修了。放送局、広告出版会社勤務、文部科学省産学官連携コーディネーター等を経て現在に至る。専門は農村社会学、地域再生学。

著書:『地産地消大学』（南方新社、2014）、『続・地産地消大学』（南方新社、2015）、『熊野の廃校』（共著、南方新社、2015）、『都市と農村－交流から協働へ』（共著、日本経済評論社、2011）、『紀の国わたし物語』（編著、テクライツ、1998）

論文: “Spread of Photovoltaic Power Generation into Farmland under the FiT System”,（Journal of Environmental Information Science 43-5,2015）、「災害時孤立集落の「不安」と「安心」の要因」（日本地域政策研究第11号、2013）ほか

本書は、わかやま新報に2015年2月から2017年1月にかけて連載された原稿に加筆修正したものです。なお、本文中のデータや事象、個人の肩書き等は連載当時のものです。

本書は、和歌山大学寄付金の研究助成を受けています。

続続・地産地消大学
―オルタナティブ地域学の試み―

二〇一七年三月二十五日　第一刷発行

著　者　湯崎真梨子
発行者　向原祥隆
発行所　株式会社 南方新社
〒八九二―〇八七三
鹿児島市下田町二九二―一
電話　〇九九―二四八―五四五五
振替口座　〇二〇七〇―三―二七九二九
URL　http://www.nanpou.com/
e-mail info@nanpou.com

印刷・製本　株式会社イースト朝日
定価はカバーに表示しています
落丁・乱丁はお取り替えします
ISBN978-4-86124-360-8　C0037